易中天中华史

The History of China ／ 04

青春志

易中天 著

浙江出版联合集团
浙江文艺出版社

目录

Contents

第一章 / 刺客

第二章 / 情人

第三章 / 战士

第四章 / **人臣**

第五章 / **使节**

第六章 / **鬼神**

后记 / **年轻就是好**

复仇者

赵襄子又看了豫让一眼，然后长叹一声说：好吧，拔出你的剑来！[1]

豫让就把剑拔出来了。

这是他第二次行刺。

为这一天，他吃尽苦头。

豫让要杀的这个人名叫赵毋恤，是当时晋国最有权势的人之一，死后谥为襄子。周代，天子、诸侯、大夫死后，都要给一个盖棺论定的称呼，叫谥号。天子的叫某王，如周成王、周康王。诸侯的叫某公，如晋灵公、晋出公。大夫的叫某子，如赵简子、赵襄子。

豫让行刺赵襄子时，春秋已经结束，战国尚未开始。晋国国君的大权，包括土地、人民、资源和财产，早已旁落到了六个氏室手中。氏室，就是大夫的家族。天子的家族叫王室，诸侯的叫公室，大夫的叫氏室。把持晋国大权的氏室，是赵、范、中行（读如杭）、知（智）、魏、韩六家。[2]

知氏的家君叫智伯，正如晋国国君叫晋侯。[3]

豫让是智伯的手下。

公元前453年，智伯死了，他死在六大氏室的争权夺利中。起先，是智伯联合赵、魏、韩三家灭了范氏和中行氏。然后，是赵襄子、韩康子和魏桓子联合起来灭了智伯。赵襄子为了解恨，还把智伯的头盖骨刷上油漆做成了酒具。

也有人说，做成了夜壶。[4]

杀人不过头点地，士可杀不可辱。襄子的快意恩仇，对

◎ 豫让刺赵襄子

于豫让来说就是必雪之耻。

豫让决心复仇。

复仇之路坎坷曲折，艰难而漫长。

其实，知氏兵败之后，豫让原本是逃进了山里的。但为了智伯，他又改姓更名，潜入晋阳（今山西太原），假扮成服劳役的犯人，到宫里去粉刷厕所。抹墙的抹子里暗藏着尖刀。只要赵襄子现身，就一刀刺将过去。

可惜“天不灭赵”。正要走向厕所的襄子忽然心中一动，两道鹰隼般的目光也立即射向豫让。

豫让束手就擒。

而且他供认不讳，公开承认“就是要为智伯报仇”。

据山东嘉祥武氏祠东汉画像石。

卫士们围过去拔出了刀，赵襄子却挥手下令放人。他说，这是一个义士啊！智伯死了，并无后代。他的家臣竟然来替他报仇，难得呀！

然而豫让并不甘心。

当然，仍以本来面目招摇过市，肯定是不行的了，必须整容。于是，豫让拔掉了眉毛和胡子，又在身上涂满油漆，弄出中毒后的累累瘢痕。为了验证整容效果，他假扮成乞丐去要饭。走到家门口，连他妻子都认不出来，只是说：这人的声音咋那么像我丈夫呢？豫让又吞火炭把嗓子弄哑。

如此受尽折磨，终于面目全非。

面目全非的豫让潜伏在赵襄子的必经之路上，准备一搏。赵襄子的车辇也按照原定路线，缓缓过桥而来。但谁都没想到，拉车的马突然惊了。

心有灵犀，赵襄子一跃而起——

一定是豫让，别让他跑了！

豫让再次被捕。这一回，他也实在没有理由被放过。

赵襄子该怎么办？

豫让又该怎么办？

谁该去死

豫让最后自杀了。

自杀前，襄子帮他完成了一桩心愿，这是回头要说的。

其实豫让并不是第一个自杀的刺客，赵家被人暗算也不是头一回。赵襄子既不是赵氏家族的始祖，也不是他们家族遇刺的第一人。第一个遭遇了刺客的是赵盾，亦即“赵氏孤儿”赵武的祖父赵宣子。[5]

刺客名叫鉏麑（读如锄泥）。[6]

这个名字怪异的刺客，是晋灵公派来的。[7]

灵公是晋国的国君，赵盾则是晋国的正卿，两人的关系相当于总统和总理。总统刺杀总理，当然非比寻常。他挑选的杀手，也应该非比寻常。[8]

然而鉏麑却下不了手。

现在已经无法弄清灵公是怎样找到鉏麑的，也不知道鉏麑又是什么人。贴身心腹？宫廷卫士？职业杀手？都不清楚。他准备用什么手段行刺，也不清楚。总之，此人接受了任务，并潜入赵盾府中。

鉏麑到达赵府，正是黎明时分，赵家三道大门全部洞开。由于上朝的时间还早，赵盾便衣冠楚楚地端坐在室内养神，完全不知道刺客已经来了，身边一个卫士都没有。

鉏麑肃然起敬。

据说，深受感动的鉏麑当时喟然叹息：孤身一人也不忘恭敬的赵盾大人，是可以为民做主的啊！

这样的人，也是可以谋杀的吗？

不可以。

实际上，真正该死的不是赵盾，而是晋灵公。作为历史上有名的荒唐君主，他昼思夜想的事情除了吃熊掌，就是搜刮民脂民膏来装修自己的宫室；乐此不疲的游戏，则是站在高台上拿弹弓射人，看行人躲避弹丸寻开心。公元前607年，即春秋时期的鲁宣公二年某日，仅仅因为熊掌没煮烂，他就把厨子杀了，装在簸箕里往外扔，结果被赵盾撞见。身为“一国总理”，赵盾当然不能不闻不问；而灵公做出的反应，竟是派出杀手把赵盾做掉。

这时的鉏麑，有点像莎士比亚笔下的哈姆雷特。

自从冤魂显灵，丹麦王子哈姆雷特便陷入困境。因为他明确得知：父王是被谋杀的，凶手则是自己的亲叔叔，动机是因为觊觎父亲的王位，垂涎母亲的美色。更可恶的是，奸人已经得逞，父王却在地狱里受尽煎熬。

这很不好办。

是的，作为人子，哈姆雷特应该拿起复仇之剑；作为臣子，他却不能谋杀国君，更不能谋杀母后。谋杀他们，是以恶抗恶；不报父仇，是姑息养奸。他甚至也不能自杀，因为那是逃避责任。看来，他大约只能"苟活"。但，肩负重任的他，苟活在世间又有什么意义呢？

于是，杀不杀叔王，就变成了杀不杀自己。他也只好自问：我为什么要活着？该不该活着？生与死的意义是什么？

这就有了著名的"哈姆雷特之问"——

活着，还是去死，这是个问题。[9]

鉏麑同样陷入两难：命令必须服从，忠良不可杀害。杀害国之栋梁是不义，违背君主之命是不忠。要么不义，要么不忠，鉏麑该怎么办？

他选择了自己去死。

进退两难的鉏麑一头撞到槐树上，成为历史上第一个"自杀的刺客"。

拔出你的剑来

现在回到豫让的现场。

就在赵襄子大喝一声之后，豫让毫无悬念地落入敌手，襄子也下车走到豫让跟前。他看到的，是一个变得人不人鬼不鬼的对手。

豫让这仇，原本不必报得这么苦。

事实上，就在豫让痛苦“整容”时，他的朋友就曾流着眼泪劝阻他。朋友说：犯不着呀犯不着！以老兄的才干，如果愿意投靠，不难得到赵某的重用。有了亲近的机会，你要做的事情不就方便了吗？何苦折磨自己？你这样做，要说志气是真有志气，要说聪明是真不聪明。

豫让笑着回答：老兄的办法，要说可行是当真可行，要说道德是真不道德。如果赵君真的亲近信任我，我又去杀他，那就是为了老知己而报复新知己，为了前主公而杀害后主公，没有这样破坏君臣之义的。我现在的做法，确实很难成功。但千难万难，正是为了昭明大义于天下，这才是我的目的啊！我怎么能拿着见面礼去应聘，心里却想着如何取人家项上人头呢？

这些故事，赵襄子当然未必知道。

但此刻，他站在了豫让的对面。

这时的襄子权势更大，可以自称寡人。

赵襄子说：豫让啊豫让！你要报仇，寡人原本是可以理解的。但寡人实在不明白，你先前不也服务过范氏和中行氏吗？智伯灭了范氏和中行氏，你不替他们报仇，反倒改换门庭化敌为友，自己上门去为智伯服务。同样是主公，你为什么只忠于智伯，不忠于范氏和中行氏？同样是仇家，你为什么只憎恨寡人，不憎恨智伯，还拼死拼活要为他报仇？

豫让傲然作答。

豫让说：士为知己者死，女为悦己者容。臣为范氏和中行氏服务时，他们把臣当作普通人，臣当然像普通人那样来报答。智伯却把臣看作国士，看作天底下最杰出的人，臣就要像最杰出的人一样报答他。

襄子听了，泪流满面长叹一声：好吧，好吧，豫先生呀豫先生！你为智伯尽忠，声名已经成就；寡人对于先生，也算给够意思。请先生做好准备，寡人不会再放你一马！

言毕，下令卫士把豫让围起来。

显然，襄子是要让这位令人崇敬的刺客体面地死去。而战死，无疑是最光荣的。这是赵襄子所能表达的最大尊重，也是他最崇高的敬意。

然而豫让却并不迎战。

自知必死无疑的豫让面不改色，昂然上前一步说：君上！臣听说，明主不掩人之美，忠臣有死节之义。今日之事，臣死罪难逃，理应伏法受诛。但，臣斗胆请求君上成全，让臣行刺君上的外衣，也算了却一桩心愿。

这是襄子没想到的，却是他可理解的。

好吧，拔出你的剑来！

豫让把剑拔出，然后跳起来，跳起来，再跳起来，挥剑击斩襄子的衣服。他一边行刺一边哭：老天爷呀老天爷，我终于可以报答智伯了！

三剑之后，豫让从容自刎。

现在轮到赵的仁人志士们失声痛哭了。因为他们一致认为，君子就该像豫让那样死得高贵。当然，他们也一致认同豫让说过的那句话——

士为知己者死，女为悦己者容。

◎ 剑

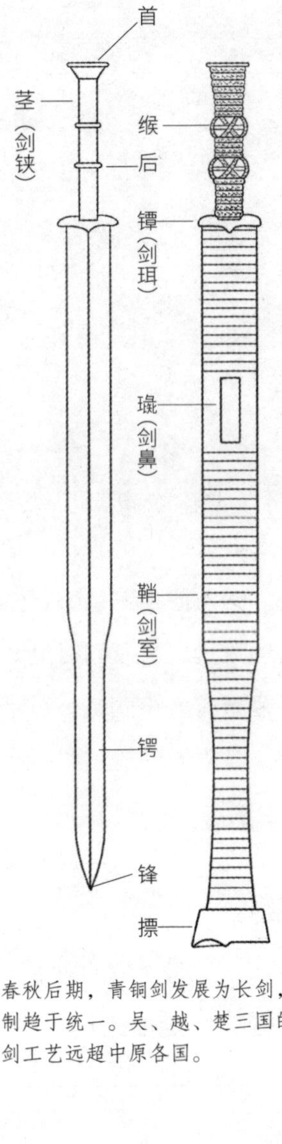

春秋后期，青铜剑发展为长剑，形制趋于统一。吴、越、楚三国的铸剑工艺远超中原各国。

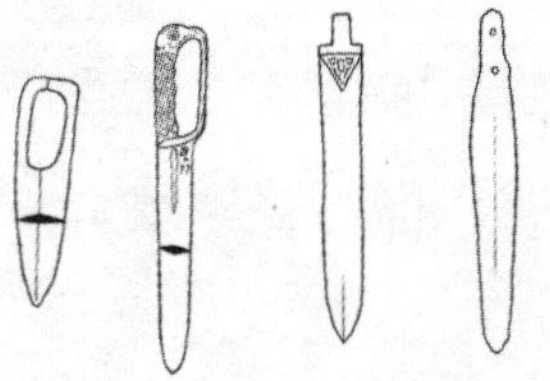

商代与西周的骨制、青铜短剑。

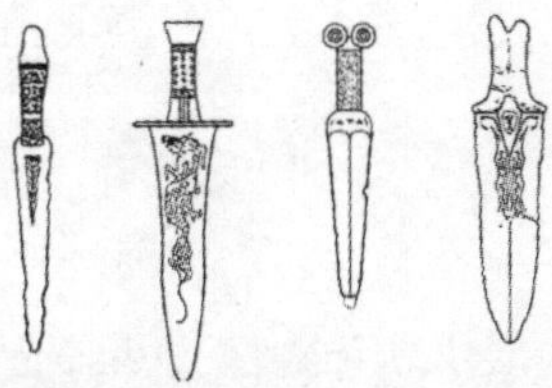

春秋中期，中原地区的青铜短剑，多用于近战护体。

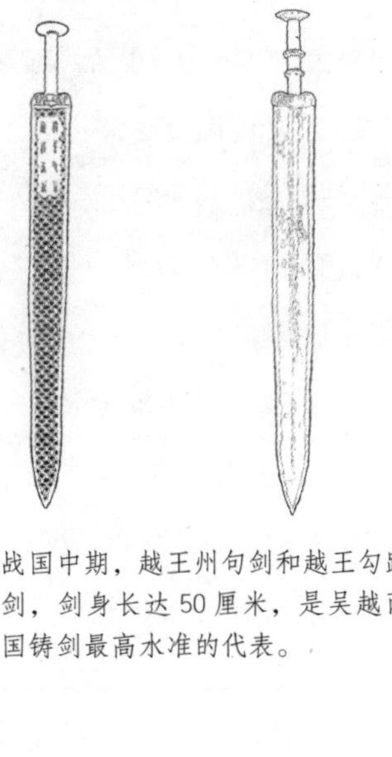

战国中期，越王州句剑和越王勾践剑，剑身长达50厘米，是吴越两国铸剑最高水准的代表。

行刺，还是演出

士为知己者死，荆轲要算一个。[10]

荆轲是“明星刺客”。

从《史记》起，荆轲的头上就一直戴着道德的光环，他的身上也被倾注了无限的同情和遐想。因为他要谋杀的是秦王嬴政，也就是后来的秦始皇，而且功败垂成。人们对嬴政有多痛恨，对荆轲就会有多敬重；对弱者有多少同情，对荆轲就会有多少讴歌。但这是靠不住的。道德的判断从来就很容易遮蔽真相，做研究却要的是实事求是，不能感情用事。

那就来作事实判断。

从司马迁的描述中我们得知，荆轲是卫国人。他流浪到燕国不走，只因为热爱燕国的狗肉和美酒，以及杀狗的屠夫还有音乐家高渐离。这并不能构成所谓爱国主义的要素。也就是说，燕国的存亡，其实浑不关他的痛痒。这是他听了燕太子丹一番慷慨陈词后，愣了半天不说话的真实原因。

事实上，荆轲刺秦并非主动请缨，燕太子丹则是买凶杀人。所谓“车骑美女恣荆轲所欲”，便一语道破天机。

字里行间，蛛丝马迹，不容小觑。

荆轲，是被当作“神风突击队员”的。

当然，也可以换种说法叫“国士待之”。

事实上他的排场之大，成本之高，所用之费，十分惊人。徐夫人之匕首，樊将军之头颅；千金之礼品，督亢之地图；高渐离之击筑，田先生之筹谋。一切高成本又具有戏剧性的要素，在这里应有尽有，而且惊心动魄，光彩夺目。唯一没作交代的，是不知道有没有过行动前的沙盘推演。

这就怎么看，怎么像演戏。

没错，演戏。包括燕太子丹的“催场”，包括众人“皆白衣冠以送之”，包括临别之际痛哭流涕慷慨悲歌，也包括十三岁就会杀人，但见了秦王就尿裤子的副使秦舞阳，都是必需的舞美、道具和伴奏。

是啊，刺杀秦王是何等机密之事，有这么敲锣打鼓的吗？就不怕秦国的卧底和线人？实际上，一次秘密行动的排场越大，戏剧性和仪式感越强，真实性就越弱。结果，作为“无韵之离骚”华彩乐章的荆轲刺秦，便成了燕太子丹编剧和导

◎ 荆轲刺秦王

据山东嘉祥武氏祠东汉画像石。

演的一场大型演出。“风萧萧兮易水寒，壮士一去兮不复还”，是主题歌。

这种语境下的荆轲，已不是刺客，而是演员。

可惜战场不是剧场。一旦图穷匕首见，那就必须动真格。然而正如武林高手鲁勾践所言，荆轲剑术不精，还不肯虚心学习。结果怎么样呢？秦王近在咫尺，他却一败涂地。抓，抓不住；刺，刺不中；追，追不上；打，打不赢。什么都干不成功的荆轲只能在遍体鳞伤之后，靠在柱子上说完最后的台词：嬴政！老子本来就没想杀你，是要劫持了你做人质，让你跟诸侯签订条约的！

荆轲没有撒谎，燕太子丹的策划就是如此：劫秦是第一方案，刺秦不过退而求其次。这是丹的如意算盘，他其实很贪。

问题是，可能吗？

荆轲心里多半也没底。他迟迟不肯成行，恐怕就因为此。

但，历史上那些伟大的艺术家，总是会在内心深处呼唤悲剧的出现。何况太子已经起了疑心，那就什么都不要说了。荆轲义无反顾地走向他的战场或剧场，哪怕明知不能全身而退，哪怕明知这不过一场真人秀。

是的，血溅王廷的真人秀。

杀手情

聂政却不会这样。

聂政是豫让之后、荆轲之前的刺客。与荆轲不同，他的目标很明确，就是刺杀韩相侠累。他的行动也很机密，只有他和严仲子两个人知道。[11]

这更像一个职业杀手。

的确，如果说鉏麑忠义，豫让执著，荆轲会演，那么，聂政专业。他的“活”实在干得漂亮，不但干净利落地杀掉了侠累，还清理了现场，掐断了线索，让韩国人永远无法知道凶手是谁，更无法从凶手这里追到幕后。

这样的刺客，是手艺人。

手艺人是要有金刚钻的。没有金刚钻，他不揽瓷器活。就算有，也不轻易揽活。

聂政就是这样。

没错，聂政也是“士为知己者死”。他的出山，主要是感念严仲子的看重赏识。实际上，这也几乎是“中国式杀手”的共同特点。但同样毋庸讳言，聂政跟豫让不同。他不是自己要报仇，而是受雇于人，严仲子更明明白白是买凶杀人。奉黄金百镒，前为聂政母寿，就是他出的价钱。

但再高的价钱,聂政也不为所动。他谢绝了严仲子的馈赠，明确表示“老母在，政身未敢以许人”。不过，他心里是领情的。而且他认为，严仲子“奉黄金百镒”正是稀罕自己的表现。既然如此，我聂政“将为知己者用”。

因此，当母亲去世居丧已毕时，聂政专程从齐国西行到卫国，在濮阳面见严仲子，并直截了当地说：你的仇人是谁？现在交给我吧！

严仲子大喜过望。

隐忍已久的严仲子，决定给聂政配备一支小分队。因为这次行动的目标是韩国的国相，也是韩侯的叔叔。此公人多势众，防卫森严，不易下手。

然而聂政却坚决反对。他说，这事绝不可以人多。人多嘴杂，是非也多，哪有不泄密的？一旦走漏风声，后果不堪设想。因此，臣只能一人前往执行任务。

只身前往的聂政如入无人之境。他手提三尺之剑，入韩境，进国都，闯相府，上厅堂，在手持戈戟的卫士们还没来得及反应时，就一剑刺死了侠累。然后，又一声长啸，击杀了侠累的卫队数十人，剩下的则全都呆若木鸡。

聂政开始对自己动手。他先是割掉了自己的面皮，又挖掉自己的眼睛，然后剖腹挑出肠子，这才倒地而死。这一系列的动作，他做得有条不紊，一丝不苟，平心静气。

聂政，莫非是“冷血杀手”？

不，他有情有义。

什么情？

亲情，还有友情。

事实上，聂政原本是可以全身而退的。他毅然毁容不为别的，就是要保护所有相关人，包括严仲子。这也是他反对成立小分队的初衷。他对严仲子说得很清楚：韩卫两国相距不远。一旦走漏风声，韩人举国与主公作对，岂不危险？同样，一旦暴露真面目，生活在齐国的姐姐岂能不受牵连？

为此，聂政甘当无名英雄。

这就是聂政的情义了。

只不过他没想到，自己的姐姐更是一个侠女。

这样的女人和男人

聂政的姐姐叫聂荣。

聂荣也到了韩国。因为聂政死后，韩国人成了没头的苍蝇。他们不知道这个刺客是谁，为什么要刺杀侠累，又是谁在幕后指使。冤有头，债有主。怒不可遏的韩侯下令将聂政暴尸街头，悬赏千金，务必查清他的真名实姓。

消息传来，聂荣立即赶往韩都，并一眼就认出了弟弟。

聂荣伏尸大哭。

围观的韩国人替她捏把汗。他们说：我们国君正在悬赏追查这个刺客，夫人难道不清楚吗？怎么还敢来认尸？

聂荣说：我当然知道，我怎么会不知道？想我这苦命的弟弟，虽然身怀绝技，志向远大，却因为放心不下老母和妾身，只能忍辱负重，屈身市井，混迹于贩夫走卒之中。现在老母宾天，妾身已嫁，他可以“为知己者死”，也可以大显身手，扬名立万了。但，弟弟因为妾身尚存，不忍牵连，竟如此地毁坏自己的容貌。我又怎么忍心为了苟活在世，而泯灭贤弟的英名呢？说完，聂荣竟哭死在弟弟的尸体旁。

这让人想到了安提戈涅。

安提戈涅是古希腊剧作家索福克勒斯的剧中人。她的哥哥波吕尼克斯在宫廷斗争中失败，被他们的舅舅、新国王克瑞翁宣布为“叛国者”，抛尸郊外，去喂野狗和猛禽。然而安提戈涅却不顾克瑞翁“收尸者杀无赦”的命令，在哥哥的尸体上撒土三次，以代掩埋。

克瑞翁盛怒。

盛怒的克瑞翁抓住自己的外甥女，问她是否知道国王的命令是不可违抗的。

安提戈涅平静地回答——

我知道。不过，我也知道另一种命令。这命令不是今天或明天的，而是永远的。谁也不知道它来自何处，但谁都不能违抗它却不受神的谴责。正是这命令叫我去埋葬波吕尼克斯，因为不能让我母亲死去的儿子没有葬身之地。

聂荣接到的，莫非也是这样的命令？

塑造了安提戈涅形象的索福克勒斯，跟聂荣应该是同时代人。距离那位“自杀的刺客”鉏麑，则大约二百多年。真没想到，两个伟大的民族的童年气质，竟会如此相同。[12]

◎《广陵散》减字谱

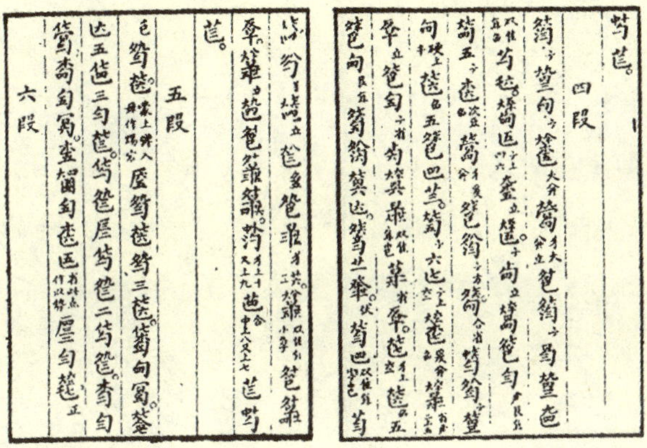

即《聂政刺韩王曲》，含“刺韩”、“冲冠”、“发怒”、“报剑”等乐段，嵇康就以善弹此曲著称。

鉏麑接到的，也是另一种命令。正是这命令让他义无反顾，正是这命令让他杀身成仁。当然，这三个人的出发点是不一样的。鉏麑是为了国，聂荣和安提戈涅是为了家；鉏麑是为了正义，聂荣和安提戈涅是为了亲情。然而他们接到的命令却来自同一个地方，这个地方就叫天良。

天良在，则天理存。

不过鉏麑虽然死了，灵公却没有住手。他设宴招待赵盾，后堂则埋伏着甲士，还有恶犬。靠着别人的帮助，被迫害的赵盾才杀出重围，逃离国都。如此步步紧逼的结果，是灵公终于被赵盾的堂弟或堂侄赵穿所杀。时间，是在这年的农历九月二十六日。

但这笔账，最后还是算到了赵盾的头上。赵穿杀了灵公后，晋国的太史董狐立即将此事记录在案，称“赵盾弑其君”，并在朝廷上拿给大家看。

赵盾说：不对，不是我杀的。

董狐说：你是晋国正卿。你被追杀，并没逃出国境；你回朝廷，又不严惩凶手。国君不是你杀的，是谁杀的？

史官的尊严有如哨兵，神圣不可侵犯。

赵盾无言以对。

这就是文天祥《正气歌》中所谓“在齐太史简，在晋董狐笔”。它比刺客的刀子还要锐利，因为人是要有一点精神的。精神的力量虽然无形，却也无敌。因此，文天祥那句话也可以改成“在韩聂荣哭，在晋董狐笔”。

这是怎样的女人！

这是怎样的男人！

有这样的女人和男人，当然会有非同寻常的情人。

第二章
情人

夏姬成为尤物，
原本是上天的安排。
她不过希望能够主宰自己的命运，
因此一生都在等待和努力。
如果长时间都只遇到庸才或人渣，
那不是她的错。

尤物夏姬

不知道夏姬长什么样，正如没人当真见过海伦。

海伦的名字我们耳熟能详，长达十年之久的特洛伊战争据说就是她惹出来的。荷马的《伊利亚特》告诉我们，特洛伊王子帕里斯乘船来到希腊，在斯巴达受到了盛情款待。然而这位英俊少年、盖世英雄兼花花公子的回报，却是跟美艳绝伦的王后海伦偷情上床，并勾引她一起私奔到特洛伊。

怒不可遏的斯巴达国王向希腊各邦发出绿林柬，首领尤利西斯、英雄阿喀琉斯等纷纷响应。这些阿卡亚人在迈锡尼国王阿伽门农的率领下，挥戈杀向特洛伊。奥林帕斯山上的诸神也不甘寂寞，不但分别站队，而且亲自参战。战争震撼了尘世也搅动了神界，难怪诗人会如此感叹——

她的脸蛋令千舰齐发，

烧毁了特洛伊高耸入云的城塔。

但，荷马始终没有告诉我们海伦到底长什么样。我们只知道，当希腊联军直逼城下时，特洛伊的元老院里也吵成一团。该不该为这样一个女人赔上身家性命，跟阿卡亚人血战一场？不少人认为不该。一个白胡子老头甚至怒火中烧地说：干脆把那妖精扔进海里得了！

也就在这时，海伦披着一袭长纱无意间从会场边款款走过。爱琴海午后的阳光柔和地洒落在她的脸上和身上，勾勒出那摄人魂魄的容貌和线条。所有的男人都屏住了呼吸，议事厅里鸦雀无声。最后，当老头子们缓过神来时，元老院的决议是：为女神而战，虽死无憾！

夏姬的“杀伤力”，也差不多。[1]

中国的夏姬跟海伦十分相似，又有所不同。海伦是传说人物，记载于荷马史诗；夏姬是历史人物，生活在春秋时期。关于夏姬的可靠史料，在《左传》。但，跟荷马一样，左丘明也没有描述夏姬的长相，我们只知道她有过很多男人。到底有多少，没人能准确说出。坊间所谓“三为王后，七为夫人，九为寡妇”的说法，是靠不住的。这种演绎，明显带着羡慕嫉妒恨，以及伪道学的真下流。

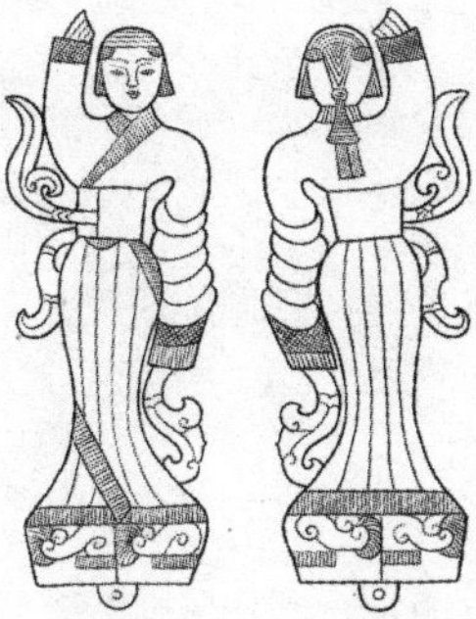

◎ 战国长袖曲裾衣舞女玉雕

洛阳金村韩墓出土，据沈从文《中国古代服饰研究》。

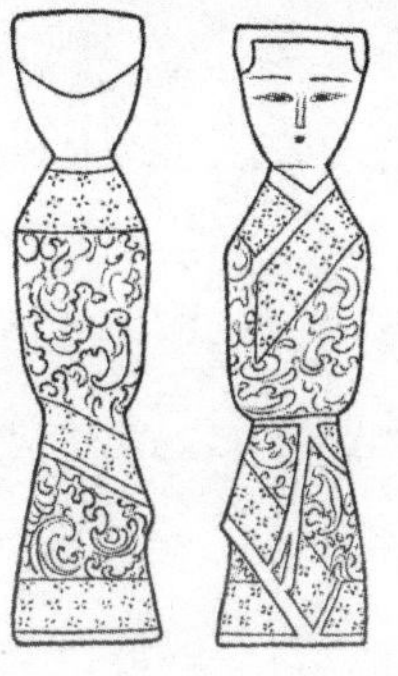

◎ 战国绣云纹曲裾衣女彩绘俑

长沙仰天湖楚墓出土，据沈从文《中国古代服饰研究》。

◎ 楚墓帛画

长沙陈家大山出土，据郭沫若《文史论集》图版。

春秋战国时期女性服饰、发饰、妆容已十分精美，其多样性亦可见一斑。

同样，也没人知道她靠什么征服男人。天使脸蛋？魔鬼身材？勾魂媚眼？床上功夫？或许兼而有之。反正，夏姬在这方面天赋极高，且经验丰富，也名声在外，堪称“性感女神”。于是上至国君，下至大夫，这些妻妾成群的男人，只要一看见她就眼睛发直，变成正在发情的公狗。

这样的女人，是“尤物”。

尤物是可以改变世界的，至少可以左右她的男人。

这是一位老太太的观点。这位老太太，是晋国大夫叔向的母亲。公元前 514 年，晋国的国君做媒，要叔向娶夏姬的女儿为妻，老太太却坚决反对。反对的理由，就是“夫有尤物，足以移人；苟非德义，则必有祸”。意思也很清楚：一个女人如果性感美丽，那就是尤物。尤物是会惹是生非的。如果她的男人没有大德大义，事情就麻烦了。

表面上看，晋国老太太的话没有错，夏姬确实弄得国无宁日。她嫁到陈国，陈国因她而亡；嫁到楚国，楚国内讧不止。在她五十岁以前，跟她有过性关系的男人几乎都没有好下场，不是身败，就是名裂，甚至死于非命。结果最好的也是英年早逝，没享过几天福。

这确乎是“祸水”。

其实夏姬惹的祸，跟海伦相比真是小巫见大巫。特洛伊城沦陷后，居民遭到大规模的杀戮和蹂躏。其他女人都成了战利品，要么做苦力，要么做性奴。只有海伦，安然无恙地回到斯巴达，回到了丈夫的身边，再次成为人间最美丽的女王，坐在铺着金毛毯的椅子上安享尊荣。无论是交战的哪一方，也无论是战前还是战后，没有任何人指责她怨恨她，反倒对她百般呵护和安慰。

同样，也没有人谴责和嘲笑阿卡亚人和特洛伊人做了蠢事，不该为一个女人作出牺牲。对此，《伊利亚特》第三章的解释是：因为海伦就像绝世的女神一样美得令人敬仰。

夏姬得到的待遇却相反。《左传·昭公二十八年》说：甚美必有甚恶——最美丽的就是最丑恶的。一个女人如果漂亮得像夏姬那样，一定不是好东西。上天既然把所有的美丽都集中在她身上，那就肯定是要让她干坏事。这虽然是那位晋国老太太的观点，却未必没有代表性。

于是，我们很想问个为什么。

郑国女孩

夏姬是郑穆公的女儿，郑灵公的妹妹，郑国公主，姓姬。因为嫁给了陈国大夫夏御叔，所以叫夏姬，意思是“陈国夏氏氏族的姬姓媳妇”。

这很有点意思。

事实上郑国和陈国，是当时诸侯列国中最风流的。本中华史第三卷《奠基者》提到的“中国情人节”故事，就发生在郑国。那首“东周版《花儿与少年》”的《溱洧》，也正好是郑国民歌。我们知道，《诗经》收入郑国民歌共二十一首，其中可以确定为情歌的十六首。十六首情歌中，描述场景的两首，男性示爱的三首。其余十一首，都是女人向男人表达爱情。

示爱是多种多样的，比如《萚兮》（萚读如拓，去声）。《萚兮》与《溱洧》的不同在于，《溱洧》的场景是春波浩荡弥漫，

《萚兮》的时节却是秋风落叶满天。姑娘渴望爱情的心，也像落叶一样翻腾回旋——

落叶遍地，
秋风吹起。
哥哥你就唱吧，
妹妹我跟着你。[2]

是啊，爱，并不分春秋。而且只要心动，郑国的女孩子就会明明白白说出来。说，有委婉的，也有搞笑的，比如《山有扶苏》——

山有扶苏，
隰有荷华（隰读如席）。
不见子都，
乃见狂且（且读如居）！

翻译过来就是——

山上有棵扶苏树，
池中有株玉莲花。

不见心中美男子，

撞上个轻狂坏娃娃！

这就是调侃了。

实际上，狂且、狂童、狡童等等，都是昵称，因为“男人不坏，女人不爱”。子都，则是当时帅哥美男的代表，相当于“大众情人”。因此这诗也可以这样翻译——

山上有棵扶苏树，

池中有株玉莲花。

不见子都美男子，

撞上个欢喜俏冤家！

但，俏冤家也好，坏娃娃也罢，其实都是心上人。一旦满心欢喜，郑国女孩的表达还可能更加火辣，比如《褰裳》(褰读如迁)——

你要真有爱，

卷起裤腿过河来。

你要不爱我，

难道我就没人爱？

你这傻瓜中的傻瓜，呆！[3]

原文，是“狂童之狂也且”。

好一个“狂童之狂也且”！看不上我？告诉你，本姑奶奶还不稀罕！

这是怎样的郑国女孩！

然而有过恋爱经验的人都知道，女孩子所谓“不稀罕”，其实往往是“很在意”，否则犯不着说出来。谁要是当了真，谁就是犯傻。

当然，也有直说的，比如《子衿》——

青青的，是你的衣领；
悠悠的，是我的痴心。
就算我没去找你，
你就不能捎封信？
就算我没去找你，
你就不能来亲亲？[4]

呵呵。

“青青子衿，悠悠我心”；“一日不见，如三月兮”！

由此可见，郑国女孩的怨恨、解嘲、戏谑、闹情绪，都

◎ 莲鹤方壶

新郑市李家楼郑公大墓出土。郑国曾经繁盛一时，富甲一方，拥有发达的冶炼技术，所以郑国国君才会陪葬大量精美的青铜器，史称“新郑彝器”。

因为爱得太深。思念之切，即生抱怨。抱怨，就撒娇。比如《狡童》——

那个坏小子，
不跟我说话，
害得我饭都吃不下。

那个臭小子，
不跟我吃饭，
害得我觉都睡不安。[5]

我们完全不知道这事的结果如何，不知道那坏小子后来是不是跟这女孩吃饭说话，或者干脆就各奔东西。但失恋的事肯定经常发生，比如《东门之墠》(墠读如扇)中的姑娘。她跟自己暗恋的对象几乎天天都能见面，只是那男孩对她无动于衷。这实在是一件折磨人的事，她的情歌也就唱得惆怅万分——

东门之路，多么平坦；
栗树成行，茜草丰满。
他的家离我这么近，

他的心离我那么远。[6]

好得很！暗恋、热恋、失恋，《诗经·郑风》中应有尽有。也许，这就是郑国女孩的情感世界。这样的体验，夏姬也曾有过吗？

应该有。

风流本非罪过

事实上，敢爱并敢表示，并非只有郑国女孩。周代女子之爽气，其实是超出我们想象的。比如《有杕之杜》(杕读如第)中的晋国女孩——

孤零零一棵赤棠，
直挺挺长在路旁。
帅呆呆我的情郎，
啥时候到我身旁？[7]

女孩如此，男孩也一样。比如《静女》中的卫国小伙，与姑娘相约在城角。然而左等不来，右等不来，害得他搔首徘徊。最后，躲起来的姑娘露面了，还送给他一支彤管、一棵青草，这可真是喜出望外——

文文静静的你，
那样美丽，那样美丽！
我在城角等了半天，
你在哪里，你在哪里？

原来你悄悄躲起，
你真调皮，你真调皮！
送我什么没有关系，
只要是你，只要是你！[8]

不过，说起来还是女人更彪悍，比如《摽有梅》(摽读如标，去声)中的召南女子——

熟了的梅子往下掉，
枝头只剩六七成；
熟了的梅子往下掉，
枝头只剩二三成；
熟了的梅子往下掉，
枝头一个都不剩。

你想求爱就快点来，
磨磨蹭蹭急死个人！[9]

呵呵，简直是逼婚。

有逼婚的，还有逼人私奔的。《王风·大车》中一个女子就这么说——

牛车款款，
毛衣软软。
我想私奔，
怕你不敢！

接下来的话更火辣——

活着不能睡一床，
死了也要同一房！
你要问我真与假，
看那天上红太阳！[10]

这是怎样的女人！

其实所谓“王风”，就是周王国的民歌。之所以叫“王风”

而不叫“周风”，一方面因为王国乃天子所在，另一方面也因为这时已迁都洛阳。天子脚下尚且如此，诸侯各国可想而知。反正，只要她们有了爱，就会不管不顾。比如《柏舟》中的卫国姑娘——

河里一只柏木船，
漂呀漂在水中间；
眼中一位美少年，
爱呀爱在我心尖。
就是到死也心不变！
哎哟妈妈，
哎哟老天，
为什么不懂我心愿？[11]

这事同样没有下文。

弄不好，这姑娘只能私奔，或者偷情。

偷情在周代也是常有的事。比如召南的《野有死麕》（麕读如军）中，一位猎人就在山里跟小妞一见钟情。猎人用刚刚打到的獐子（麕）作定情礼物，两人便一起走进了树林。只不过那小妞说——

轻一点，慢慢来好吗？

不要动我的围裙，

别让那长毛狗叫个不停。[12]

哈，很真实。

召南这对恋人在山上野合，齐国那对情人则在男人住处幽会。唯其如此，偷情的女人对时间很在意，也很警觉。一到黎明，就会推醒怀中的情郎，男人则只会把她搂得更紧。

于是，《齐风·鸡鸣》中就有了这样一番对话——

亲爱的，鸡叫了，天亮了！

什么鸡鸣？那是苍蝇。

真的天亮了，太阳都出来了！

什么太阳？那是月亮！[13]

接下来男的又说：别管那些虫子，让它们乱飞吧，我们再亲热一会。女的却说：不行不行，真的不行！我必须走了，你可别恨我啊！

怎么会呢？

花非花，雾非雾，金缕慢移莲花步。巴山夜雨巫山云，便是灵犀相通处。

事实上，有男女便有性爱，有婚姻便有偷情。因为正如恩格斯所说，一夫一妻的制度“决不是个人性爱的结果”。真正的热恋，性冲动的最高形式，是中世纪的“骑士之爱”。骑士和情人睡在床上，门外站着卫士，以便一见晨曦就催促他溜之大吉。恩格斯甚至认为天主教会禁止离婚的原因是——

> 偷情就像死亡，没有任何药物可治。[14]

因此，婚外恋和一夜情，几乎任何民族和时代都有，社会也往往睁只眼闭只眼。风流不是罪过，只要不弄得像夏姬那样鸡飞狗跳就行。

不幸与万幸

夏姬似乎命不好。

传言说，夏姬出嫁前就已经有了情人，叫子蛮，是她同父异母的哥哥。甚至还有人说，他就是郑灵公。这显然不对。因为郑灵公的字是子貉（读如何），不是子蛮。也有人说，子蛮是她的第一任丈夫。这同样可疑。至少没人告诉我们，这位子蛮是哪一国的公子。也没人告诉我们，他俩是什么时候结婚的，婚后又生活了多少年。总之，子蛮究竟是夏姬的丈夫，还是情夫，死无对证。我们只知道，在与夏姬有了性关系后不久，子蛮就去世了。这让夏姬一开始便背上了“克夫”的罪名，叫“夭子蛮”。

坏事开了头，后面就收不住。子蛮去世后，跟他上过床的这位郑国公主，便嫁给了陈国大夫夏御叔，从此叫“夏姬”。

夏姬跟夏御叔过得似乎不错。他们生下了儿子夏征舒，也没听说有过什么不雅之闻。可惜十几年后，夏御叔也撒手人寰。这在那些视红颜为祸水的人眼里，便理所当然地成为夏姬“不祥”的证据。没有人替她想想，作为天生尤物，年纪轻轻便成为寡妇是何等的不幸。

寡妇门前是非多，何况还是在陈国。

陈人跟郑人一样风流成性，两国也都有一个特别的地方叫“东门”。东门未必是“红灯区”，但肯定是恋人或情人寻偶求爱的“约会区”。所以，郑国的情歌便说“出其东门，有女如云”，而陈国情歌所谓“东门之池，可以沤麻；彼美淑姬，可与晤歌”，也可以理解为“东门之池，可以泡妞”。[15]

郑国和陈国，都是性爱的自由王国。

实际上陈国比郑国更开放。前面说过，郑国是有情人节的，叫上巳节，时间是在三月三。陈国却似乎天天都是情人节。陈人因为自称是舜帝之后，巫风盛行，国人个个能歌善舞。他们甚至有一部分女子，专门从事巫术，以歌舞祭祀神祇。这种“神妓”其实是最早的性工作者。《诗经·陈风》中的《宛丘》，就是某个男子献给巫女的情诗。

何况陈国的祭祀活动次数频繁，地点则除了东门和宛丘，还有南方之原。于是每到这时，陈国的男男女女便成群结队地倾城而出，泡巫女，会情人，找对象，大开其性爱派对。

不难想象，在风气如此的陈国，性感漂亮的夏姬一旦变成单身，事情会怎么样。

首先是国君陈灵公“当仁不让”，然后是他与卿大夫孔宁和仪行父“资源共享”，君臣三人共同成为夏姬的情人。他们甚至穿着夏姬的内衣，公开在朝堂上谈论偷情的过程，交流做爱的经验，大讲三十七八的她如何风韵犹存。夏姬的内衣怎么会到他们的身上？是夏姬给的，还是他们偷的？不清楚。但可以肯定，他们的行为丝毫都不避人耳目，在陈国朝野已是公开的秘密。

这事终于闹得沸沸扬扬。《诗经·陈风》中的《株林》，便是当时国民议论此事的讽刺诗。这诗说：我们国君为什么要去株林？谁都知道那里住着什么人。他是去看子南(夏姬之子夏征舒)的吧！第二天早上，他在那里吃点心。

看来，即便是主张性自由的陈国人，也觉得事情有点过分。舆论监督的结果，是导致了一位大夫的死亡。因为他对灵公君臣的所作所为，公开提出了批评。于是，在陈灵公的默许下，他被孔宁和仪行父谋杀。

没有了监督的君臣三人更加肆无忌惮。一年后，也就是前面一章说到的鉏麑自杀后八年，即鲁宣公十年的五月八日，这三个家伙居然在夏姬的客厅里，嘻嘻哈哈地争论她儿子夏征舒长得更像他们当中的谁。

陈灵公嬉皮笑脸地对仪行父说：征舒像你。

仪行父厚颜无耻地回答：也像君上您。

这玩笑开得实在过分，因为夏征舒无论如何不可能是他们的私生子。士可杀不可辱。忍无可忍的夏征舒，便在陈灵公出门时一箭射死了那家伙。[16]

这应该是第三个死于非命的“灵公”。第一个是前一章讲过的晋灵公。他是因为为君无道，被赵盾的族人赵穿杀掉的，时间是在公元前 607 年（鲁宣公二年）。第二个就是夏姬的哥哥郑灵公。他是在晋灵公死后两年（鲁宣公四年），因为吃王八而起纠纷，被本国两位公子杀死的，当国君还不足一年。六年后（鲁宣公十年），便轮到这位因偷情而丧命的陈灵公。前面说过，谥号叫做“灵”的，其实都不灵。但八年之内一连死了三位灵公，也未免太有戏剧性。夏姬六年前死了哥哥，这会儿又死了情人，实在倒霉透顶。

更倒霉的是，就连郑灵公的死，后来也被某些人说成与夏姬有关。他们说郑灵公就是子蛮。他被本国两位公子杀死，其实不是因为吃王八，而是因为吃醋。也就是说，郑灵公和某公子，不但都是夏姬的哥哥，而且也都是夏姬的情人。他们争风吃醋积怨已久，这才刀兵相见，翻脸不认人。

当然，这种无稽之谈夏姬并不知道。同样，我们也不知道陈灵公被杀后，她是什么态度和心情。我们能知道的是，惹出大祸的孔宁和仪行父逃到了楚国，杀死陈灵公的夏征舒则自立为君。弑君和篡位，在当时可是滔天大罪。垂涎已久的楚人便有了可乘之机，也有了灭亡陈国的“正当理由”。第二年（鲁宣公十一年）十月，楚军攻进陈国，杀死夏征舒。然后搂草打兔子，顺手牵羊把夏姬带了回去。

等待夏姬的，将是她无法主宰的命运。

幸运的是，她遇到了巫臣。

情种巫臣

关于巫臣，我们掌握的材料不多，只知道他是楚国申县的县公，家族为屈氏，字子灵。他的名字，几乎仅仅是因为夏姬才被载入史册的，因此除《左传·宣公十二年》提到过一笔外，以后便事事与夏姬相关。

巫臣与夏姬，前世有缘。

夏姬被带到楚国后，庄王和大夫子反（公子侧）便眼睛发直，都想要她，却被巫臣阻止。巫臣劝阻庄王的说辞是：大王出兵陈国，原本是讨伐有罪；如果占有夏姬，那就是贪恋美色了。以小贪而害大义，可以吗？

庄王只好放弃。

巫臣劝阻子反的说辞，则是夏姬“不祥”。巫臣说，这个女人，克死了她的第一个男人子蛮和第二个男人御叔，害死了第三个男人灵公，连累了亲儿子夏子南，搞垮了大夫孔宁和仪行父，灭亡了陈国，真是谁沾上谁会倒霉。人生苦短，保命要紧啊！再说天涯何处无芳草，何必一棵树上吊死呢？

子反也只好放弃。

庄王和子反弃权后，夏姬被分配给了襄老，实际上成为襄老儿子的情人。因为八个月后，襄老就战死在疆场。夏姬则似乎没有片刻犹豫，就跟襄老的儿子上了床。没有人对此表示大惊小怪。也许在公众看来，夏姬这样的尤物，可是从来就不在乎什么后果的。

谁都没有想到，这里面其实另有文章。

时隔多年人们才发现，巫臣劝阻庄王和子反，其实是自己想要夏姬，而夏姬似乎也钟情于巫臣。史书没有记载他们相爱的过程，只知道他俩配合默契，利用国际政治斗争“曲线救国”，终于双双私奔到晋国。

这事相当复杂，也只能长话短说。

简单地说，夏姬被许配给襄老是在鲁宣公十一年十月。第二年六月，就发生了晋楚之战，交战地点则在郑国。战争中晋军射死了襄老，又俘虏了楚国的王子，并带了回去，准备用来交换被楚国俘虏的自己人。

于是巫臣就觉得机会来了。

巫臣的办法，是先跟夏姬打招呼：只要你回到郑国，我就娶你。然后又让人从郑国送信给夏姬：只要你回国，就能得到襄老的尸身。夏姬跟襄老，毕竟是法定的夫妻。她要回国收尸，楚庄王不能不批准，何况巫臣也做了工作。夏姬心里也清楚，所谓葬夫只是借口。事成之后，巫臣也不可能再回到楚国。于是夏姬扬言：得不到我丈夫的尸体，就不回楚国。

果然，夏姬一回到郑国，巫臣就跟她秘密结婚。

婚后，夏姬留在了郑国，巫臣却没有马上叛逃。事实上，他一直等到楚庄王去世，等到楚共王（共读如恭）即位后的第二年，才付诸行动。这一次，他利用了出使齐国的机会。只不过走到郑国，他就把任务和礼品都交给副使，自己则带着夏姬远走高飞。他俩原本是想去齐国的。由于齐国刚刚战败，便改变主意去了晋国。这一对情侣在晋国安家落户，巫臣还做了晋国的大夫。

当然，襄老的尸体和被俘的楚国王子，也被晋国归还了。但这是在巫臣叛逃后的第二年（鲁成公三年），跟巫臣和夏姬一毛钱关系都没有。

回顾夏姬一生，性爱游戏不少。她甚至不在乎情人们之间的关系是君臣，是父子，可谓上下老少通吃。但这一回，夏姬和巫臣可是玩真的了。种种迹象表明，他们应该是一见钟情，而且相见恨晚。为了这难得的爱情，从密谋私奔到实施叛逃，他们用了七八年的时间。[17]

真心相爱的结果，是让巫臣和楚国都付出了沉重的代价。巫臣叛逃五年后（鲁成公七年），没能得到夏姬的楚国大夫子反杀光了巫臣的族人，巫臣则说服了晋国与吴国联盟伐楚。他甚至亲自到吴国担任军事顾问和教练，害得子反他们一年之内七次疲于奔命，被打得顾首不顾尾。

只有夏姬修成正果。

与巫臣结合后的夏姬是幸福的。晋国老太太反对迎娶的儿媳妇，就是他们的女儿。尽管与巫臣相爱时，夏姬已五十上下，但好歹等到了真爱。实际上，夏姬成为尤物，原本是上天的安排。能否遇到德义之人，其实由不得自己。她的所作所为，不过希望能够主宰自己的命运，因此一生都在等待和努力。在巫臣之前只遇到庸才或人渣，那不是她的错。

赖不到神头上

跟海伦相比，夏姬有点冤。

没错，夏姬是乱了伦，但乱伦在当时习以为常。[18] 夏姬也偷了情，但没有一次是在婚姻状态中。相反，当她跟丈夫御叔一起生活时，甚至在等待巫臣来团圆时，从未有过绯闻。比起海伦的背叛丈夫来，哪个问题更严重？

夏姬当然也惹了祸，但海伦惹的祸更大：特洛伊城彻底毁灭，众多英雄战死沙场，无数百姓惨遭蹂躏。然而结果却两样：我们被告知夏姬是一个淫妇，却几乎听不到对海伦的任何谴责。事实上，她一直以美丽女神的形象活在人间。2004年5月9日，华纳兄弟拍摄的影片《特洛伊》上映，第一个周末就赢得了4560万美元的票房。海伦的魅力毋庸置疑。

夏姬备受争议，海伦无限风光，这是为什么？

最简单的解释，是人神有别。

对！夏姬是“人之罪”，海伦是“神之过”。

谁都知道事情的起因：天后赫拉、智慧女神雅典娜和爱情女神阿芙洛狄忒进行天界选美，奖杯是一只苹果，上面刻着“送给最美丽的人”。诸神让特洛伊王子帕里斯裁决。帕里斯鬼使神差地将苹果给了阿芙洛狄忒，阿芙洛狄忒则把海伦作为奖品给了帕里斯。所以，从偷情到私奔，海伦都没有责任，也可以不负责任。至于奥林帕斯山上的诸神，当然也不会负责。

没人负责，就没法问责，也不必指责。该做的，是狂欢、起哄和看热闹。

这是典型的希腊做派。

夏姬就没有那么好运。中国没有希腊那样的神，更没有谁会为一个女人的选择埋单。甚至按照宗法和礼教，女人就不该选择自己的命运。她要做的，是听从父母之命媒妁之言，跟一个自己不认识的人结婚，然后生儿育女，相夫教子。如果遇人不淑，只能自认倒霉。如果不幸丧夫，也只能自认倒霉。夏姬，怎么会有人理解有人同情？

当然，她也赖不到谁头上。

这样看，有神是好的？

错！问题不在神，而在人。我们知道，希腊的宗教，其

◎ 金苹果事件

据英国画家约翰·斐拉克曼（John Flaxman）画作，左边是“裁决者”帕里斯，右边是阿芙洛狄忒、雅典娜、赫拉三女神。

◎ 帕里斯与海伦

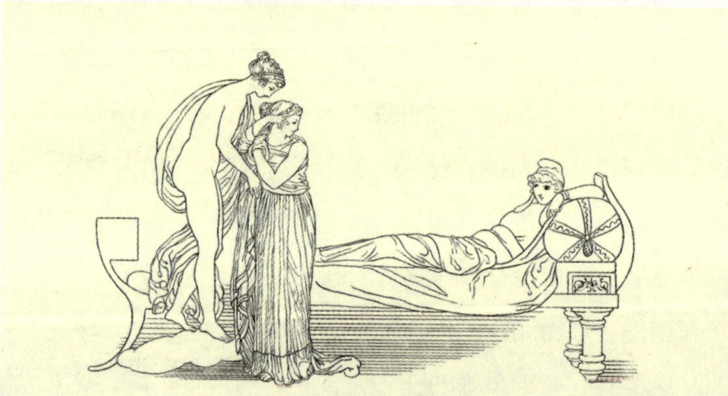

作为回报，爱神阿芙洛狄忒引海伦与帕里斯相会。亦据斐拉克曼画作。

实是艺术；希腊的神，则其实是人。看看奥林帕斯山上的那些伙计吧！骄纵、蛮横、放荡、小心眼。他们相互欺骗，故意找碴，争风吃醋，互不买账，还积极参与人类的战争和偷情，很黄很暴力。这跟人有什么区别?

区别就在人会死，神则是不死的。不死的神不受自然规律的限制，这才恣意妄为又不负责任。这当然很没道理。在特洛伊战争中，英雄阿喀琉斯对破坏游戏规则的阿波罗怒吼：你当然不担心将来会有报复！大埃阿斯则对降下漫天迷雾的众神之王宙斯怒吼：如果我们必须死，那就让我们死在阳光下吧！

这是正义的呼声，它比神性更高贵。

好吧！既然神可以行为乖张，人当然也可自由选择，至少人类的某些天性和天赋可以免责，比如爱和美。因此，海伦和帕里斯是不受谴责的。为他们的偷情打一场战争，也是值得的，甚至是必需的。有这样一场战争，英雄才成其为英雄，正义才成其为正义，爱情才成其为爱情，美才成其为美。一位英国学者甚至说，《伊利亚特》的真正寓意，也许就体现在它的两行诗中——

比所有事情都重要的，
一是爱情，二是战争。[19]

这让我们想起了《左传》，想起了“国之大事，在祀与戎”。模仿前面的句式，这话翻译过来就是——

比所有事情都重要的，
一是祭祖，二是打仗。

呵呵，希腊更看重女人，我们更看重祖宗。但无论希腊还是华夏，战争都是重要的，战士也都是重要的，更是史家不可忽略的。因为只有在战争中，人性的美和丑才会暴露无遗，并表现得淋漓尽致。

那就来说战士。

第三章
战士

子路说，一个君子，
必须活得体面而有尊严。
就算去死，也不能免冠。
于是放下武器腾出双手，
从容地系紧冠缨，任由敌人砍杀。

极品战俘

夏姬和巫臣叛逃到晋国的第二年，知罃（读如智英）也被楚国释放了。

知罃是个战俘。

战俘知罃是晋国大夫荀首的儿子，所以也叫荀罃。荀首的采邑叫智（也写作知，是同一个字，都读智），因此荀首被称为智伯或知伯，谥号知庄子。他的接班人，当然代代都称智伯，正如晋国的国君代代都称晋侯。知罃后来就成为智伯，谥号知武子。本卷第一章讲到的那个智伯，那个豫让拼死拼活也要为之复仇的智伯，则叫荀瑶，谥号知襄子。

在前章说过的夏姬故事中，我们知道楚国和晋国发生了一场战争，史称“邲之战”（邲读如必）。邲之战，晋军是一败涂地的，知罃也被楚军俘虏。这时的荀首，是晋国的下军大夫。荀首说：抓不到别人的儿子，就要不回自己的儿子。于是，本已战败的荀首便在撤退的途中带领亲兵杀了回去，一箭射死了夏姬的丈夫襄老，又一箭射伤了楚国的王子，并把这一死一伤两个人带回晋国。

这事给了巫臣一个机会，让他成功地娶到了夏姬。当时巫臣就曾告诉楚庄王，晋国一定会提出交换战俘。果然，鲁成公三年（前 588），晋楚两国达成协议：晋国送还楚国王子和襄老尸体，楚人则放知罃回国。

这时，知罃已经做了九年战俘。[1]

于是楚王为知罃送行。

当然，这时的楚王已经不是庄王，而是年轻的共王。

送行时，双方都客客气气，彬彬有礼。共王称知罃为“子”，也就是“先生”或“您”；自称，有时称“我”，有时称“不穀”（读如谷），意思是“我这不善之人”。这是王者的谦称，因为楚君已经称王。但严格地说，他应该自称“寡人”，也就是“我这寡德之人”，这才是诸侯的谦称。

知罃则自称“臣”，或“累臣”，也就是“被俘的小臣”；称自己的父亲为“外臣”，也就是“外邦小臣”，而且直呼其名。提到自己的国君，则称“寡君”，也就是“敝国寡德之君”。这些称谓，都是当时的外交礼仪。

谈话温文尔雅，又充满张力。

共王问：先生怨恨我吗？

知罃答：不怨恨。两国交兵，下臣无能，做了俘虏。贵国的执法官没有用下臣的血来涂抹贵军的军鼓（执事不以衅鼓），而是让下臣回国接受军事法庭的审判，这是贵君上的恩典。下臣自己如此无能，又敢怨恨谁？

理解这段话，需要有一点知识。按照当时的制度，将士出征之前先要祭祀社神，叫"祭社"。祭祀用的肉和酒要分给大家，叫"受脤"。同时要用血涂抹军鼓，叫"衅鼓"。衅鼓的血，往往是用战俘的，而且最好是等级高贵的战俘。知罃所谓"执事不以臣衅鼓"，其实是说楚人没有杀他。

不杀之恩，照理说是应该表示感谢的。

因此共王又问：那么先生感谢我吗？

然而知罃却回答：不感谢。两国君臣为了国泰民安，克制自己，宽待他人，释放战俘，永结友好。这样功德无量的事，下臣不曾与闻，哪有资格表示感谢？

共王再问：先生回国后，拿什么报答我？

知罃答：不知道。下臣心里没有怨恨，君上也不会居功自傲。既没有怨恨，又没有功德，下臣不知怎样报答。

楚共王碰了一鼻子灰。

于心不甘又无可奈何的共王只好说：尽管如此，还是恳请先生把自己的想法告诉寡人。[2]

结果知罃说了三种可能。

知罃说，第一，如果承蒙贵君上的福佑，下臣得以作为战俘，带着这一把朽骨回到祖国，被敝国寡德之君军法从事，以振军威，以儆效尤，臣虽死无憾，永垂不朽。

第二，如果寡君法外施恩网开一面，将臣赐予您卑微的外邦小臣荀首，任其处置；家父经寡君批准，在宗庙实行家法，戮臣于列祖列宗灵前，臣同样虽死无憾，永垂不朽。

第三，如果寡君不批准家父的请求，那么，下臣将依法担任敝国的职务，率领一支小部队，镇守边疆保家卫国。到那个时候，如果不幸与贵军相遇，下臣将奋勇当先拼力死战，决不三心二意，左顾右盼。这一片赤胆忠心，就是下臣可以报答君上您的。[3]

楚共王肃然起敬。

被震撼的共王以最隆重的礼仪送知罃出境。他甚至感叹说：晋国有这样的战士，我们是无法与之争雄的。[4]

这是怎样的战俘！

事实上，这样的战俘在春秋时期并不罕见。鲁襄公十七年（前 556），一个名叫臧坚的鲁国战士在战败后被齐军俘虏。齐灵公居然派了一个宦官去看他，并对他说“你不会死”。这事做得实在不靠谱。但此公既然是一个被谥为“灵公”的昏君，离谱也不足为奇。

然而对于臧坚，却无异于奇耻大辱。因为按照当时的制度和礼仪，宦官是不可以对贵族下命令的，更无权决定贵族的死生，哪怕只是传达国君的命令。这样做，不但对接受命令的人是羞辱，对下达命令的人其实也是侮辱。于是臧坚朝着齐灵公所在的方向叩首说：承蒙关照，实不敢当！但君上既然赐下臣不死，又何苦要派这么个人来传达厚爱？

说完，坚持认为“士可杀不可辱”的臧坚用一根尖锐的小木棍挖开自己的伤口，流血而死。[5]

这又是怎样的战俘！

战俘尚且如此，战士又该是怎样的风采、风骨和风度，也就可想而知了。

风采，风骨，风度

战士的风采，《诗经》里有。

比如《周南·兔罝》(罝读如居)——

张开天罗，撒开地网；
打下木桩，迎接虎狼。
赳赳武夫，
是君王的屏障；
赳赳武夫，
是国家的栋梁。

是啊！在古代社会，有国家就有战争，有战争就有战士。只要是战士，就会睁大警惕的眼睛。这就是所谓“肃肃兔罝，施于中林”。兔，不是野兔，而是老虎，即“於菟”（读如巫涂）。[6] 罝，则是猎网。所以，此诗也可以这样理解：朋友来了有好酒，若是那豺狼来了，迎接它的有猎枪。

这是怎样的风采！

这样的风采，《楚辞》里也有。

在《九歌·国殇》中，屈原是这样描述楚国战士的：操着吴戈，挟着秦弓，带着长剑，披着犀甲。战旗遮蔽了天日，敌人多如乱云。他们冲进了我们的阵营，杀伤了我们的兵丁。然而我们的战士，却拿起鼓槌敲响战鼓，驾起战车驱策战马，冒着疾风暴雨般射来的箭矢奋勇当先。因为战士们知道“出不入兮往不反，平原忽兮路超远”，开弓就没有回头箭。

为国尽忠，是战士的本分。

于是屈原这样唱道——

诚既勇兮又以武，
终刚强兮不可凌。
身既死兮神以灵，
魂魄毅兮为鬼雄！

这又是怎样的风采！

风采的背后是风骨。公元前 684 年，鲁庄公率军与宋国

◎战士

金文中手执干戈的武士形象。

据战国嵌错宴乐水陆攻战纹壶。

据江苏淮阴高庄战国墓出土铜器残片刻纹。

据湖北随州曾侯乙墓出土漆棺彩绘。

作战，一个名叫县贲父（贲读如奔）的战士担任他的驾驶员。战场上，拉车的马突然惊了，鲁庄公也掉下车来。庄公说，照规矩，谁当驾驶员，作战之前是要占卜的。今天有此一难，是因为没有占卜啊！县贲父说，以前从来不出事，偏偏这回出事了，只能怪下臣不够英勇。于是冲进敌营战斗而死。战后，马夫洗马时发现，那匹马身上有一枚箭头。这才明白出事的原因是马中了流矢，并没有县贲父的责任，庄公便下令为他写一篇悼词。为士人写悼词的风气，就是从这件事开始的。[7]

这样的风骨，史不绝书。公元前 480 年，也就是孔子去世前一年，卫国发生内乱，大夫孔悝（读如亏）被围困在家中。孔子的学生子路听说，立即前往救援，因为他是孔悝的家臣，也是战士。结果，一场混战中，子路被剁成肉泥。孔子闻讯悲痛欲绝，立即吩咐厨房倒掉已经做好的肉酱。[8]

其实子路原本可以不去救援的。事实上，他赶到国都时，城门正在关闭；赶到孔家时，家门已经关闭。他的同学子羔（也就是高柴），孔悝的家臣公孙敢，也都劝他不必作无谓的牺牲，因为反正来不及了。子路却慷慨赴死。他说：食人之禄，忠人之事。有利可图就追随左右，大祸临头就逃之夭夭，我不是那样的人！

同样，子路也不必死得那么惨烈。他的死，仅仅因为在战斗中冠缨被对方用戈砍断，帽子会掉下来。子路说，一个君子，必须活得体面而有尊严。就算去死，也不能免冠。于是放下武器腾出双手，从容地系紧冠缨，任由敌人砍杀。

这又是怎样的风骨！

有风骨就有风采，也有风度。比如在襄老战死知罃被俘的那次战争中，就有这样一段小插曲：撤退的晋军有辆战车陷在坑里动弹不得，追赶他们的楚国战士便停下车来，喊话教晋军怎样修车。修好的战车没走两步，又不动了，楚人又喊话教他们怎么处理，直到晋军彻底把车修好。

最后，晋军终于从容撤退，一走了之。更可笑的是，晋人得了便宜还卖乖。他们一边逃亡一边喊话：楚军弟兄们，谢谢了！到底是超级大国呀，跑路很有经验的嘛！

如此楚人，真是君子风度。但如此风度却让人怀疑：这样打仗还叫战争吗？

当然还叫。只不过，彬彬有礼。

至少，春秋的是。

比如晋楚城濮之战。

军事奥林匹克

城濮之战发生在公元前632年。晋国这边，文公亲自到场。楚国那边，统帅是成得臣（字子玉）。开战前，楚帅先派使者宣战，话就是这么说的：敝国的战士恳请与贵国勇士做一次角斗游戏。君上靠在车里观赏就行，下臣愿意奉陪。

晋文公则派使者回答说：敝国的寡德之君已经接到了大帅的命令。寡君之所以驻扎在这里，是因为信守当年的诺言，遇到贵军要退避三舍。如此而已，岂敢抵挡贵国的威武之师？不过，既然敝国还没有接到贵军停战之令（其实是对方已经宣战），也只好拜托大夫您（指楚国使者）转告贵军将士，驾好你们的战车，忠于你们的国事，明天早上见。[9]

这可真是先礼后兵，跟球赛差不多。

实际上春秋的战争更像竞技体育，只要决出胜负就各自收兵，因此时间很短，原则上只有一天。比如刚才说的城濮之战，就只打了四月初二这一天。初三、初四、初五，胜利了的晋军原地休整。吃完楚军留下的粮食，就启程回国了。春秋时最短的战争甚至只有一个早上，叫“翦灭此而朝食”。[10]

战争的地点，则一般在国境线上。我们知道，封邦建国是要划定国境线的，叫“封疆”。国境线叫“疆”，所以战场叫“疆场”。国境线在“野”，所以战争叫“野战”。

野战并不粗野，更不野蛮，而且事先要宣战。宣战要派使节，国君或统帅不能亲自出面。但使者宣战，却又必须以国君或统帅的名义。态度，当然是客客气气；用词，也都是外交辞令；称谓，则极其讲究。不宣而战，是战国时代才有的。那时正如孟子所说，是“争地以战，杀人盈野；争城以战，杀人盈城”，恨不得把对方赶尽杀绝，哪里还有什么礼仪？[11]

春秋的战争，却极讲礼仪，甚至有打到一半停下来行礼的。城濮之战后五十七年（前 575），晋楚两国发生鄢陵之战，晋国大夫郤至（郤读如隙）三次遇到楚王，每次都要下车，脱下头盔，小步快走，表示对一国之君的礼貌和恭敬。

这时的楚君是共王，同样彬彬有礼。他甚至派了一位使者带着一张弓，去慰问郤至。使者代表楚王说：刚才战斗最激烈的时候，有一位穿浅红色军装的人，真是君子啊！他见了寡人就小步快走，会不会受伤了呢？

郤至立即脱下头盔行礼：伟大的君上！您卑微的外邦小臣郤至，追随敝国寡德之君参加战斗，承蒙君上恩准披上了盔甲。公务在身，因此不敢当面叩谢君上的亲切关怀。拜托贵使禀告君上，下臣身体很好，正要与贵军决一死战。

两个人如此这般地客气了半天，郤至更是三行肃拜之礼，这才依依惜别，然后继续战斗。[12]

礼，比胜负更重要。

讲礼仪，就讲规则。第一条，不斩来使。使节无论职位高低，任何时候都神圣不可侵犯。第二，不以阻隘。就是不在险隘的地方阻击敌人，一定得在开阔地带堂堂正正地进行决战。第三，不鼓不成列。就是对方阵势摆好之前，另一方不能击鼓进军。第四，不重伤。就是格斗的时候，不能让同一个人重复受伤。如果对方已经受伤，不管伤在哪里，都不能再来第二下，应该让他回去治疗。第五，不擒二毛。就是不能俘虏花白头发的人，应该让他回去养老。第六，不逐北。就是敌人败退时，不能追。追也可以，五十步为限。所以在春秋，五十步是可以笑一百步的。因为跑五十步就安全了，你跑一百步干什么？

如此绅士风度，堪比奥林匹克。

这些游戏规则，是谁在什么时候制定的？不清楚。它们都得到了严格执行吗？也未必。但可以肯定，这些规则在战国时期便被破坏得一干二净。因为在战国时期，战争的目的是兼并他国，当然要消灭对方的有生力量，大规模不眨眼地杀人，打歼灭战。这个时候，谁讲礼仪，谁就是找死。

春秋则相反。战争的目的说得好听是维持国际秩序，维护世界和平。说得难听点，也不过争当江湖老大。老大可是要以德服人、以身作则的，事情就不能做得太过分。这样的战争，自然列阵如球赛，宣战如请客，交手如吃饭，格斗如竞技，温文尔雅，费厄泼赖，最多温良恭俭而不让。

军事奥林匹克，只可能在春秋。

好男才当兵

春秋和战国，战士也不一样。

怎么不一样？

春秋的是君子，战国的是小人。

这里说的君子和小人，是阶级意义上的。换句话说，君子即士人，是贵族；小人即庶人，即平民。如果参加战争，则贵族叫“士”，平民叫“卒”。士，既参战也作战，所以叫“战士”。卒，参战不作战，只是跟着跑，所以叫“走卒”。走，在古汉语中就是“跑”的意思。战士和走卒，是两码事。

其实士之与卒，地位从来就有高低。早就有文字学家认为，士，跟王、皇一样，都是一个人端坐的样子，只不过王和皇头上特别大而已。这是有道理的。事实上，士就是“无冕之王”。他们作为贵族，跟天子、诸侯、大夫一样，成年时

◎战国铜鉴水陆攻战纹

河南汲县出土，内容为水陆攻战场景，两军对阵、徒卒、仰攻、投石、水战等等，无不具备。

都要加冠。孔子的学生子路宁愿死，也不肯免冠，就是不能丢了士的身份。只不过，士只加冠，天子、诸侯和大夫则不但加冠，还要加冕，这才成了王或皇。[13]

卒就不一样了。文字学家一致认为，卒就是穿某种衣服的人。这衣服上会做记号，甚至写个“卒”字，表示是当差的、跑腿的、服劳役的，是小人。

◎ 甲骨文“士”
（甲 3913）

◎ 甲骨文“卒”
（乙 7200）

所以，士是高贵的，比如绅士、爵士、武士道。卒则是卑贱的，比如隶卒、狱卒、马前卒。马前卒这三个字最能说明问题：战场上，士披甲胄，叫“甲士”，乘车作战。卒就无甲可披，只能穿件布衣，鞍前马后跟着跑。

由是之故，车兵曰乘，步兵曰卒。中国象棋之将、仕、相、马、车、炮、卒，就是这种军事制度的体现：卒是最低级的，仕则仅次于将。将就是大夫，仕则是士。乘车的士比步行的卒高贵，因此可以“丢卒保车”。

总之，在春秋时期，士参战也作战，卒参战不作战。战士是高贵的、体面的、有尊严的，也是骄傲、自豪和快乐的。

而且无论国君、大夫，还是一般的士人，只要上阵，就是战士。因此，一个贵族男子如果不能从军，就是奇耻大辱。相反，平民成为战士，则是极大的荣耀。当然，他们必须表现优异，而且仅限于在农民中选拔。地位更为卑贱的工匠和商贩，是没有资格的。[14]

好男才当兵。战争，是贵族的游戏。

这就是春秋的观念。

是贵族，就要有贵族精神和君子风度。这种精神和风度，上级和敌人也都要尊重和敬重。前面说过，楚王和郤至在晋楚鄢陵之战中，是相互致敬的。同样在这场战争中，晋国的一位君子，也向一位楚军将领表示了敬意。晋国的君子叫栾鍼（读如真），是中军统帅栾书之子，当时担任晋国国君的车右，也就是持矛站在国君的右边，相当于侍卫长。楚国这位将领则叫子重，多次率军征战，是楚国的名将。鄢陵之战，他当然也在场。他的旗帜，在战场上高高飘扬。[15]

栾鍼看见子重的战旗，肃然起敬。他对国君说：当年下臣出使楚国，子重曾问臣晋国之勇，臣答整整齐齐、井然有序。他又问还有什么，臣答心平气和、从容不迫。现在两国交兵，如果不去致敬，就不算井然有序；如果言而无信，就不算从容不迫。请君上批准下臣派人去送酒。

晋君批准了栾鍼的请求，栾鍼的使者也到了子重的麾下。

使者说：敝国人才匮乏，寡君只好让鍼勉强凑合着做他的车右。鍼公务在身，不能亲自来犒劳大帅的部下，只好派某某代为敬酒，还望大帅见谅！

子重躬身答礼：栾鍼大人真是好记性，还记得我们当年的谈话。于是接过酒具一饮而尽，然后拿起鼓槌继续击鼓。

顺便说一句，子重从清晨一直战斗到了黄昏。

什么叫君子？这就是。

环球同此高贵

的确，所谓君子，虽然原本指阶级和出身，但久而久之便会变成一种人格精神，包括刚直不阿、光明磊落、行侠仗义和相互尊重，其核心则是高贵。这种精神在古代战争中表现得尤为突出，而且还是全球性的。

比如古希腊。

◎ 斯巴达战马

◎ 希腊骑士

在波斯人眼里，希腊人是固执、愚蠢和荒唐的。他们总是要选择最平坦最开阔的地方，双方摆好阵势，派出传令官相互宣战，然后才开打。这跟我们春秋的“不以阻隘”，简直如出一辙。由于双方都没有可以隐藏和躲避之处，结果自然是两败俱伤，就算一方胜出也得不偿失。

对此，一位波斯将领表示十分不解：既然你们言语相通，又有传令官宣战，为什么不能通过谈判来消除争端解决问题呢？如果只能诉诸战争，又为什么不能先给自己找个有利地形，然后再尝试开战呢？[16]

其实，嘲笑希腊人的波斯人，自己也差不太多。公元前 479 年 8 月，波斯和希腊的军队在普拉提亚平原会战。波斯人先到，在阿索普斯河北岸摆开阵势。由三十多个城邦组成的希腊联军，则拖拖拉拉半天都凑不齐，开战前还有人源源不断赶来。然而就在希腊人慢慢集结，甚至只有少数散兵游勇时，兵强马壮的波斯军队却按兵不动。直到希腊人有了十一万之众，波斯统帅才下令进攻。这跟我们春秋时期的“不鼓不成列”，又有什么两样？

结果，普拉提亚会战以波斯人的惨败告终。

这让我们想起了泓之战。

公元前 638 年，也就是普拉提亚会战的一百五十多年之前，楚宋两国战于泓水。当时宋军先到，也摆好了阵势。然而无论在楚军过河前，还是过河后，宋襄公都不肯发起进攻。他硬是要等到楚军完全站稳脚跟阵势摆好，才敲响战鼓。结果，宋军大败，襄公负伤，并于第二年去世。

战败后，宋国人都怪罪襄公，襄公却不后悔。他说，不重伤，不擒二毛，不以阻隘，不鼓不成列，都是礼。不遵守这些礼，就不是君子。寡人虽然是早已亡国之殷商的残渣余孽，也不能做偷鸡摸狗的事。

有此想法的，并非只有宋襄公。

比如亚历山大。众所周知，马其顿国王亚历山大有一句名言：偷来的胜利不光彩。因此，在公元前 331 年高加美拉大战的前夜，他拒绝了偷袭波斯大营的建议。是啊，有着贵族精神和君子风度的古代军人认为，战争是一种高尚而荣耀的事情，必须堂堂正正地进行。乘人之危和落井下石都是不义的。这样做，不但违反规则，而且胜之不武。

亚历山大善有善报。公元前 326 年，也就是高加美拉大战五年后，他在印度河遭遇波鲁斯。当时亚历山大率领的是骑兵，且远道而来，喘息未定，人生地不熟。波鲁斯布下的却是象阵，还从容不迫，以逸待劳。胜负，几乎不言而喻。

然而波鲁斯却像当年的宋襄公和波斯统帅一样，心甘情愿地坐失良机。他耐心地等待马其顿军队渡河、集结、调整、休息、布阵，一直等到对方一切就绪，这才与之交锋。结果印军大败，波鲁斯也做了俘虏。

傻得可爱的波鲁斯，可谓印度版的宋襄公。

不过这位“印度宋襄公”同样善有善报。亚历山大待他以国王之礼，还让他继续统治自己的王国。这不仅因为波鲁斯有着魁伟的身材、英俊的外表，更因为他有着武士的英勇和高贵。正是这种精神，让亚历山大由衷地表现出欣赏和崇敬。

这是一种王者风范。

的确，在印度的种姓制度中，国王和武士都属于第二等级，叫“刹帝利”。作为高贵的等级，刹帝利也必须有高贵的表现。婆罗门教的《摩奴法典》甚至明确规定，战争中不能使用“奸诈的兵器”。而且，跟中国春秋的“不重伤”和“不擒二毛”一样，他们也不能攻击处于弱势的人。弱势群体包括妇女、儿童、老人、残疾人、伤病员，也包括俘虏、逃兵、胆小鬼、旁观者，甚至包括没穿甲胄、解除武装和睡眠中的人。违反规定者，将受到鄙视和诅咒，并不得进入天国。

人是要有一点精神的。是贵族，就得有贵族精神。尽管这精神在全世界都已所剩无几，但毕竟曾经存在。是的，曾经存在，在希腊，在波斯，在印度，在马其顿，在中国。

宋襄公，你不孤立！

难言宋襄公

不过，温文尔雅绅士风度慈悲为怀的宋襄公，又似乎并不是什么善类。我们知道，殷商用活人做牺牲品的制度虽然被周人废除，春秋时期却仍有一位子爵因此被杀——他被另外几个国君杀了来祭祀社神。此事在当时，恐怕是遭了恶评的。《左传》的态度，便明显地不以为然。[17]

这起血案的主谋，就是宋襄公。

看来，宋襄公也不是什么“人道主义者”，更非君子。

没错，宋襄公是所谓“亡国之余”，难免念念不忘殷商的传统。但宋国大夫子鱼同样是殷商的“残渣余孽”，却完全不赞同襄公的做法。这位大夫在襄公执政的十四年间，几乎一直充当着“反对党”。曹之盟，宋襄公要杀鄫国国君祭祀社神，他反对；泓之战，宋襄公坚持所谓“不鼓不成列”，他反对；鲁僖公十九年的围曹，二十二年的伐郑，他当然也都反对。因为襄公的所作所为，其实都只有一个动机，那就是称霸中原。这在子鱼看来，无异于痴心妄想。他曾经无奈地说：国君的野心也太大了，小小宋国怎么承受得了啊！[18]

事实证明，子鱼是对的。

泓之战的前一年（前639），宋襄公大会诸侯，希望那些依附楚国的国家改换门庭，奉自己为盟主。楚人虽然肚子里冷笑，却也装模作样地表示同意。于是到了秋天，襄公便再次大会诸侯，准备扎扎实实过一把老大的瘾。

对于这件事，子鱼当然也是反对的。反对无效，便建议襄公带着部队去。谁知宋襄公的书呆子气又发作了，或者认为江湖老大更应该像个君子。他说，我们讲好了谁都不带兵的。我提出的规矩，我怎么能破坏？

结果，宋襄公被楚人俘虏。[19]

这时的襄公，倒是头脑清醒了。他很清楚，能救宋国的只有子鱼。实际上子鱼原本也是可以做宋国国君的。他是襄公同父异母的哥哥，因为庶出而不能立为太子。宋桓公病重时，当时还是太子的襄公曾经建议父亲传位于子鱼，因为子鱼既年长，又仁义。桓公表示认同。子鱼听说，立即飞快地跑开。他说：弟弟能把君位都让出来，还有比这更仁义的吗？

襄公这才成为国君。[20]

此刻，做了俘虏的宋襄公便托国于子鱼。襄公说：哥呀，快回去镇守国家吧！这个国家，就是哥哥你的。寡人是因为不听忠言，才落得这个下场啊！

子鱼则说：君上就算不讲这话，国家也是臣的。于是立即回国加强战备。宋国国人也同心同德，准备迎接楚人的进攻。楚人传话给宋人：不妥协，就杀了你们的国君。宋人则说：抱歉！承蒙列祖列宗保佑，我们有国君了。楚人要挟不成，只好放了襄公。襄公自由后，就跑到卫国，准备在那里度过余生。子鱼说，这个国家，臣是为君上镇守的，君上为什么不回来呢？便把襄公接回国来。

这个感人的故事，记载在《公羊传》，司马迁的《史记》没有采信，因此是否可靠不得而知。而且回国以后的宋襄公，也并没有接受教训，第二年又自不量力地去讨伐楚的同盟郑国，并与楚军战于泓水，受伤而死。

但，《公羊传》的故事如果可靠，那么襄公和子鱼，就堪称当时最好的君臣和兄弟。

至少，是之一。

这很重要。因为在周代，甚至在整个中国古代，君臣都是最重要的关系，君臣之义也是最大的义。在春秋时期，它甚至是不分国别的。因此即便在战争中，外邦的臣子见了敌方的君主，也得恪守臣礼，让他三分。

实际上这个规则也得到了遵守和执行。比如在鄢陵之战中，晋国的下军统帅韩厥和新军副帅郤至，都有机会俘虏楚的同盟国国君郑成公，但他们都放弃了，因为不能让一国之君受辱。郑成公的侍卫长则让武艺更高强的驾驶员留在车上护驾，自己冲进敌阵，掩护国君撤退，终于战斗而死。[21]

这才是周的战士。对于他们来说，做一个好臣子，是比做一个好战士更重要的事情。或者说，一个好的战士，首先得是好的人臣。当然，一个好的统帅，也首先得是好的人君。不了解这一点，就看不懂周人的风采和风范。

第四章
人臣

师旷说：
老天爷是爱民如子的。
上天为人民立君，
难道是让他骑在民众头上作威作福？

老爹退下

鄢陵之战的战场上，有泥沼。

泥沼非常之大，挡在晋军营垒前，大家都小心翼翼绕开走。中军统帅栾书和副帅范燮，率领自己的亲兵一左一右护卫着国君。晋君车上，少毅是驾驶员，栾鍼是侍卫长，但战车还是陷进了泥沼。

身为中军统帅和晋国大臣，栾书当然不能袖手旁观。于是他下车走过来，准备扶国君转移到自己的车上。

栾鍼却大喝一声：栾书退下！

喝令栾书退下的栾鍼慷慨陈词：国家大事，你岂能一人独揽？再说了，侵犯别人的职权，这叫冒犯；放弃自己的职责，这叫怠慢；离开本职工作岗位，跑到别人那里，这叫捣乱。有这三条罪名，你还动吗？

于是栾书立即退下。

栾鍼则跳下车来，用力掀起战车，脱离险境。[1]

这事在鄢陵之战中，不过小插曲，却被史家隆重地记载下来，其实是有深意的。事实上，栾书不但是中军统帅，而且是栾鍼的父亲。下级呵斥上级，还劈头盖脸，岂非不忠？儿子呵斥父亲，还直呼其名，岂非不孝？

恰恰相反。

事实上栾鍼的做法，完全符合礼仪，也合乎道理。首先，这是在国君面前。君前无父子。无论什么人当着国君之面，都要直呼其名。这个规矩，一直延续到明清。其次，栾书如果把国君转移到自己车上，就无法再行使中军统帅的职权。这当然是失职和失责。第三，栾鍼的职务是车右。按照当时的制度，车右的任务原本就是保障安全和以备万一。栾鍼该做的事，栾书又岂能越俎代庖？那可真是狗拿耗子多管闲事，不折不扣的侵权或越权。[2]

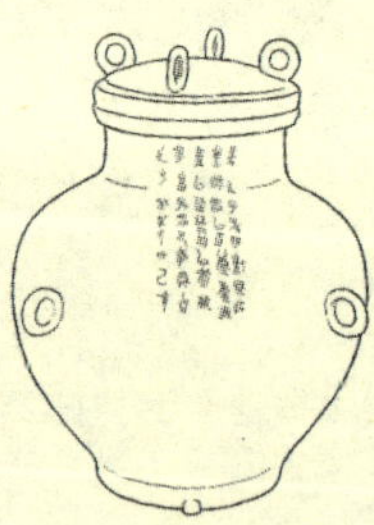

◎ 栾书所制错金铜罐

本是用于祭祀的酒器。上有铭文五行共四十字，大意是：在正月季春，栾书作此器，用以祭祀祖先，希望长寿，子孙永宝用享。

◎鄢陵之战

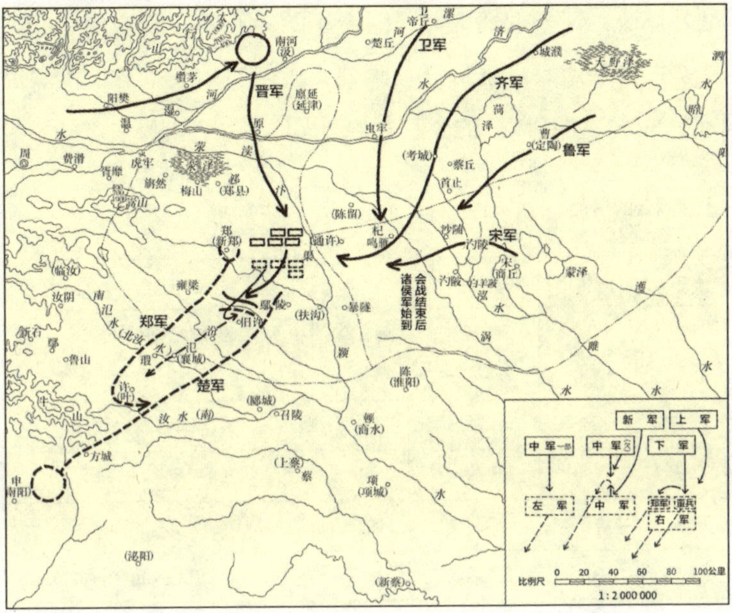

据《中国历代战争史地图集》。

由此可见，所谓“君仁臣忠，父慈子孝”，有先后。公私不能两全，则先公后私。忠孝不能两全，则先忠后孝。在人君面前，人父必须退居二位。而且，为了让儿子尽忠，做父亲的往往要委屈自己，甚至牺牲生命。

比如狐突。

狐突是晋文公重耳的外祖父，在晋献公时曾担任太子申生的驾驶员。献公去世后，国君是惠公。惠公担任国君十四年，与宋襄公同在公元前 637 年去世，继位的是他的儿子，是为怀公。怀公很清楚，当时晋国的人心所向和众望所归，其实在公子重耳。重耳流亡国外，狐突的儿子狐毛和狐偃追随左右，实在是怀公的心腹之患。[3]

◎ 晋献公的子孙

长子	申生	母齐姜		被骊姬所迫自杀
次子	重耳	母狐姬 外祖父狐突	晋文公	惠公死后夺怀公位
三子	夷吾	母狐姬妹	晋惠公	奚齐和卓子被杀后即位
四子	奚齐	母骊姬		被里克所杀
五子	卓子	母骊姬妹		被里克所杀
孙	圉	父夷吾	晋怀公	惠公死后即位，后逃亡被杀

于是怀公把狐突抓起来做人质。

怀公对狐突说：只要把儿子叫回来，寡人就免你不死。

狐突却拒绝拿原则做交换。他对怀公说，君臣关系，并不是可以随便建立的，因此也不能随意改变。成为他人之臣，首先要把自己的名字写在简策上，叫“策名”；其次要向人君敬献礼品，叫“委质”。这两件事，都表示以身相许，也表示一旦确立关系，就忠贞无贰，永不变心。

显然，春秋时期有两种关系：公私与君臣。职务对职务，是公与私；个人对个人，是君与臣。君臣关系高于公与私，也重于公与私。因为不能效忠主公，也就不能效忠国家。因此，必须先忠君后报国，哪怕那人君并非王侯，甚至流离失所。这就是狐突他们代表的主流观念。

于是狐突说：做儿子的能够担当重任，是因为做父亲的教以忠诚。臣这两个儿子，成为重耳之臣已经很久了。如果臣把他们叫回来，那就是教唆叛变。做父亲的教唆儿子叛变，又拿什么来效忠于君？若不杀臣，那是君上的英明，也是下臣的愿望。如果滥用刑罚以逞淫威，请问又有谁不是罪人？下臣听命就是。

怀公便杀了狐突。

可惜怀公此举只是成全了狐突，却并不能改变自己的命运。第二年春，公子重耳在秦国军队护送下回国，是为晋文公。为此，诸侯们举行了盟会，主持人便正是狐突的儿子、重耳的舅舅狐偃。至于怀公，在重耳启程后不久就逃出国都，后来又被谋杀，只做了三四个月的国君。[4]

血案早已发生

怀公成为晋君，原本就是历史的误会。

晋怀公是惠公的儿子，献公的孙子。晋献公女人多，儿子也多。齐姜生申生，狐突的女儿狐姬生重耳，狐姬的妹妹生夷吾，骊姬生奚齐，骊姬的妹妹生卓子。这些女人当中最有心机的是骊姬。骊姬为了让自己的儿子能够接班，使尽了阴谋诡计。最后太子申生被逼自杀，重耳和夷吾先后出走流亡国外，奚齐被立为太子。骊姬，似乎可以得逞。

可惜人心不服。

这时的朝廷重臣，是荀息、里克和丕郑。里克原本是支持太子申生的。申生死后，又私底下支持重耳，表面上中立。丕郑，则跟里克一伙。献公和骊姬可以依托的，只有荀息。何况荀息非常有能力。向虞国借道攻打虢国，导致虞国唇亡齿寒最后被灭，就是荀息的手笔。[5]

于是晋献公托孤于荀息。

献公说：这个弱小的孤儿，就拜托给大夫您了。大夫您打算怎么样呢？

荀息伏地叩首说：下臣将忠贞不贰，竭尽全力，效犬马之劳，为股肱之臣。如果能够成功，那是君上在天之灵的赐福和保佑。不成，臣就去死。

这是庄严的宣誓，当然必须履约。事实上，晋献公死后顶多一个月，里克就发动了兵变，而且事先把情况通报了荀息。里克说：奚齐继位，不得人心。太子申生、公子重耳和公子夷吾的旧部，愤怒已经到了沸点。天怒人怨，兵变一触即发，先生打算怎么办？[6]

荀息说：我去死！

里克说：恐怕没什么用吧？如果因为先生的死，那孩子就能安然无恙地继承君位，倒也罢了。如果先生自尽，那孩子照样被废，又何必去死？

荀息说：在下对先君有承诺，不可言而无信。一个人既要履行诺言，又想明哲保身，做得到吗？所以，虽然我之死无济于事，但我又能躲到哪里去呢？再说了，每个人都会去做自己认为正确的事。在这一点上，请问谁不如我？我自己既然忠贞不贰，那么，能拦住别人，不让别人效忠吗？

里克马上就听明白了，荀息只是要效忠，却未必效力，甚至也无力可效。所谓“我欲无贰，而能谓人已乎”，其实就是不阻拦里克的兵变。这个不阻拦，可以理解为无能为力，也可以理解为尊重里克的效忠。总之，荀息的态度，可以归结为一句话：各为其主，各尽其责，成败与否，听天由命。

有了荀息的态度，里克立即动手。这年十月，里克在居丧的茅屋里杀了奚齐，荀息也立即准备自杀。有人说：不如立奚齐的弟弟卓子为君，尽力辅佐，也算履行了诺言。于是荀息就立卓子为国君，并安葬了晋献公。然而到十一月，里克又在朝堂上杀了卓子。荀息无路可走，终于自杀。

奚齐和卓子先后被杀，有资格继承君位的，就只剩下重耳和夷吾两位公子。这时，周天子已经没有多少权威。谁当晋君，得由大国说了算。大国中有发言权的，是齐国和秦国。大国扶持的国君站不站得住脚，则要看朝中重臣的意见。大臣中有发言权的，是里克和丕郑。君位落入谁手，全看这两个大国、两位大臣。

于是夷吾派人向里克行贿，许以汾阳之邑；又派人向秦国行贿，许以河西之地。秦穆公问来人：夷吾在国内靠谁支持？来人说，公子没有支持者，也没有反对派，而且从小就性格内向。穆公听说，便觉得让这么个孤立无援的没用家伙做晋君，其实符合秦国的利益，便派兵护送夷吾回国。

这时的中原霸主是齐桓公。晋国的内乱发生后，桓公就联合诸侯派兵到了晋国。于是以齐国为首，秦国为次，诸侯一起立夷吾为君，是为晋惠公。里克原本是要立重耳的，但被重耳谢绝，也只好接受夷吾。[7]

天上掉馅饼，夷吾捡了个大便宜。

他的儿子怀公后来做了三四个月的国君，则算是小便宜，抑或是大不幸。

这是公元前 651 年的事。也就在这年，宋襄公即位。宋襄公和晋惠公，同年即位，同年去世，可谓难兄难弟。不同的是，宋襄公即位后，重用子鱼，宋国大治。他的错误，在外交而不在内政。晋惠公却是内政和外交都一塌糊涂。他儿子怀公后来死于非命，其实是他造的孽。

但怀公并不是第一位死难者。事实上从献公到文公，晋国的宫廷斗争持续不断，死人的事也经常发生，可谓血案迭起。最先冤死的是太子申生，其次是奚齐，第三是卓子，荀息是第四位。而且，荀息尸骨未寒，便轮到第五个人了。

这个人就是里克。

又起屠刀

里克是被晋惠公逼死的。

公元前 651 年，惠公靠着齐国和秦国的支持成为晋君。第二年，周天子派大员会同齐国大夫确认了他的国君身份。这个时候，晋惠公大约觉得地位已稳，便向里克举起了屠刀。

惠公杀里克，有多种原因。比方说，他曾许诺封里克以汾阳之邑，现在却想赖账。这是有可能的。事实上，他答应割让给秦国的河西之地，就赖掉了。又比方说，里克毕竟杀了奚齐和卓子，还变相地杀了荀息。有此重罪，不处理似乎没法交代。更重要的是，里克支持的是重耳。重耳虽然人在国外，但威望和声望都比惠公高。如果里克和重耳里应外合，惠公是抵挡不了的。

于是惠公找里克谈话。

惠公说：没有大夫您，也没有寡人的今天。不过，话虽如此，毕竟有两位国君和一位大夫死在了先生的手上。做先生的人君，岂不是太难了吗？

里克说：下臣不杀那三人，君上岂能回国即位？既然要加罪于臣，哪里还怕找不到说法，又何必弄得那么麻烦？臣已经听到君上的命令了！

说完，里克拔剑自杀。[8]

里克自杀后，丕郑本人以及里克和丕郑的死党，也被惠公手下诛杀。但血案并没有到此为止。下一个被杀的，是庆郑，只不过要到五年之后。

庆郑是晋国的大夫。他的被杀，是因为对惠公的所作所为实在看不下去。事实上，从逼死里克，到杀掉庆郑，前后五年间惠公的表现，确实像一个十足的混蛋。杀里克那年（前650），他的屁股刚刚坐稳，就派丕郑到秦国去赖账，而且话说得极其无耻。

据《史记·晋世家》，惠公的话是这么说的：夷吾曾许诺贵国以河西之地，现在照理说应该兑现，可是大臣们不同意。大臣们说，敝国的土地是先君的。夷吾不过流亡在外的公子，哪有权力擅自给人？寡人争不过他们，实在抱歉！

这简直就是无赖，但对秦国来说却是自作自受。实际上，当年秦穆公为晋国择君，是派人出去考察了的。考察的结果，是重耳更仁义。讨论的结果，却是选个差的。那考察团团长对穆公说：仁有置，武有置；仁置德，武置服。意思是：如果要弘扬仁义，那就为他们选个德才兼备的；如果要称霸中原，那就为他们选个老实巴交的。秦穆公当然想称霸，就选了晋惠公这个“老实人”。

谁知道老实人未必老实。晋惠公虽懦弱无能，却也厚颜无耻。被忽悠了一把的秦国只好吃哑巴亏。

问题是事情还没完。

赖账之后三年，晋国发生饥荒，晋惠公又厚颜无耻地向秦国购买粮食。秦国君臣经过研究，决定立即进行人道主义救援。因为自然灾害，哪个国家都会有。救灾恤邻，乃是人间正道。秦穆公也说，他们的国君虽然可恶，但是人民又有什么罪过？于是秦国以德报怨，给晋国运送粮食的船队浩浩荡荡源源不断，史称“泛舟之役”。

然而第二年秦国发生饥荒，向晋国购买粮食，却居然遭到拒绝。晋国君臣讨论这事时，反对派的理由居然是：皮之不存，毛将安傅？也就是说，兑现承诺，割以河西之地，这是“皮”。卖些粮食给晋国，则不过是“毛”。皮都赖掉了，给几根毛有什么用？这点小恩小惠，不但不能消除秦国的怨恨，反倒只能加强他们的实力，不如破罐子破摔，得罪到底。

这种混账话，惠公很以为然。

庆郑却完全不能同意。他说：忘恩负义，无亲；幸灾乐祸，不仁；贪小便宜，不祥；得罪邻居，不义。这道理，普通老百姓都懂。谁要是这么做，即便是亲人都会结仇，何况秦国跟我们还有夙怨？

晋惠公不听。[9]

这一下，秦晋两国便结下了梁子，庆郑跟惠公也有了嫌隙。这梁子终于导致秦国和晋国开战，自以为是的惠公也做了俘虏。后来经过多方努力，晋惠公被秦国释放。而惠公回国之后的第一件事，就是杀庆郑。

我不逃

庆郑坐在国都等死。

导致惠公一定要杀庆郑的，是秦晋两国的那场战争。

公元前 645 年，也就是晋国拒绝卖粮食的第二年，熬过了大饥荒的秦国迎来了大丰收。手中有粮，心中不慌。粮草充足的秦军摩拳擦掌，要向晋国讨还公道。夏历九月，秦穆公御驾亲征，率兵伐晋。晋惠公也亲自上阵，迎战秦军。理直气壮的秦军斗志昂扬，乘胜前进，晋军则一败再败，三败而至韩（在今何处有争议）。

惠公问庆郑：敌军深入我境，怎么办？

憋了一肚子气的庆郑反唇相讥：这不是君上让他们深入的吗？能怎么办？

惠公气急败坏，大喝一声：放肆！

于是，刚愎自用的晋惠公拒绝接受占卜的结果，坚决不让庆郑担任他的车右；后来又不听庆郑劝阻，坚持让郑国出产的小驷马拉车。

如此固执己见死不改悔的结果，是十四日这天惠公的战车陷在烂泥里出不来。惠公这才急了，向庆郑呼号求救，庆郑却置之不理。不但不理，还气哼哼地说：刚愎自用，不听忠言，背信弃义，无视占卜，这是自求其败，何必要搭我的车？下臣这辆破车，恐怕不值得君上用来屈尊逃亡。

后面的细节就不甚了然。我们只知道，当时秦穆公的处境也很危险。晋军这边，已经有一辆战车迎上了穆公，眼看就要俘虏他。但按照《左传》的说法，是因为庆郑在晋惠公这里耽误了，所以穆公得以逃脱。按照《国语》的说法，则是庆郑要那辆战车来救晋惠公，这才放跑了秦穆公。

总之，秦穆公没事，晋惠公被俘。

人君不公，人臣不忠，惠公的被俘咎由自取。[10]

但后果，却很严重。

如果就事论事，则晋军的战败，惠公的被俘，庆郑都是有直接责任的。因此，后来晋惠公被释放，即将回国时，就有人建议庆郑逃走。

庆郑说：我不逃！

对此，庆郑的说法是这样的：照规矩，军队溃败，就该自杀；主将被俘，就该去死。我庆郑，既害得国君兵败被俘，又没能在兵败之后以身殉国，已经罪不容赦。如果居然还逃亡，让国君失去惩罚罪臣的机会，那就不像人臣了。明明是人臣，又不像人臣，如此“臣而不臣”，还能逃到哪里去？

于是等着惠公来抓他。

被释放回国的惠公走到城郊，听说庆郑没有逃亡，便立即下令将他捉拿归案。

惠公说：你这罪人，为何不逃？

庆郑说：为了成全君上。想当年，君上即位，如果履行诺言，以德报德，国势就不会下降。国势下降后，如果接受劝谏，采纳忠言，战争就不会爆发。战争爆发后，如果起用良将，用兵得当，也不至于战败。现在败都败了，能做的就只剩下诛杀罪人，以谢天下。这个时候，如果还把下臣我给放跑了，又怎么保得住封国呢？所以臣特地等在这里，以保证君上不会犯最后一个错误。

惠公一听，简直就要气疯了，连声喊道：快杀了他！快杀了他！现在就给我杀了他！

庆郑却很平和。

心平气和的庆郑微微一笑：据理直言是为臣的正道，依法直刑是为君的圣明。总之，君臣都讲一个“直”字，国家才有利。所以，就算君上不动手，下臣也会自杀。

史家没有记录当时的天气。按节气算，这会儿天地之间应该是一片肃杀。

晋国的大臣们则分成了两派。一派主张释放庆郑，让他戴罪立功；另一派则认为不但不能饶他一死，就连让他自杀都不可以。因为庆郑最大的罪恶就是无视君父，自作主张。这家伙，战争中已经自行其是，现在又岂能让他自行了断？苟如此，则纲纪何在，体统何存？

其实这时惠公的最佳选择，是采纳前一种建议。因为这样做，君上有不计前嫌的声誉，臣下有主动就刑的美名，对晋国是有利的。可惜惠公是个混蛋。是混蛋，就不能指望他作出英明决策。如果这混蛋还拥有不受限制和监督的权力，他唯一能做的就是把自己从小混蛋变成大混蛋。

因此，惠公最后还是杀了庆郑。

好在庆郑被杀后，惠公似乎也吸取教训懂得了收敛。此后八年，倒没听说他还有什么荒唐事。从这个意义上讲，也可以说庆郑没有白死。[11]

但，故太子申生，可就死得太冤了。

怎么都得死

太子申生是被骊姬害死的。

为此，她机关算尽。

第一步，是怂恿晋献公让太子申生迁到曲沃（今山西闻喜县），公子重耳迁到蒲（今山西隰县），公子夷吾迁到屈（今山西吉县），实际上是把这三个人都撵出去，只留自己的儿子奚齐、妹妹的儿子卓子在国都。

第二步，是怂恿晋献公派申生率军出征。申生如果战败，就以此治罪；如果胜利，则诬陷他有野心。可惜，申生班师回朝后，虽然流言四起，却并未能撼动其地位。于是骊姬使出最后一招，亲手制造了一起投毒案。

公元前 656 年，骊姬羽翼丰满，开始实施犯罪。圈套和陷阱，是谎称晋献公梦见了申生的生母齐姜。按照当时的制度，申生必须立即祭祀，祭祀之后还必须把酒和肉献给君父。这时，献公正好外出打猎。利用这个时间差，骊姬在肉和酒里下了毒（一说以毒酒和毒肉替换）。献公洒酒祭地，地隆起。把肉给狗和小臣吃，狗和小臣立即死亡。成为犯罪嫌疑人的申生百口莫辩，只有去死。[12]

死，是没有价钱可讲的，因为这是弑君和弑父的双重大罪。已遂，则当诛；未遂，得自杀。

问题在于这是冤案！而且，案情如此简单，难道就无人识破？骊姬步步紧逼，申生就毫无感觉？献公偏心眼，骊姬狐狸精，路人皆知。那些朝中大臣，难道都由着他们胡来，一个劝阻和反对的都没有？或者说，一个帮助申生的都没有？

当然有。

但为了恪守臣道，他们都退下阵来。

比如里克。

晋献公派申生率军出征，里克是表示了反对的。但献公不听，里克也没有坚持。相反，他对申生说：为臣，只怕不忠；为子，只怕不孝。废立之事，不是太子应该考虑的。太子还是努力做好工作吧！[13]

有人说，里克这是善于处理父子关系，甚至就是为臣之道。这话恐怕可以商榷。比方说，后来他杀奚齐和卓子，怎么就毫不手软，就不讲君臣大义？说到底，无非之前的献公强势，之后的骊姬和奚齐孤儿寡母，好欺负。这样看，后来里克被相对强势的惠公所杀，便多少有点自作自受。[14]

再说狐突。

对于申生的率军出征，狐突也是劝阻了的，但是申生不肯听从。他说，君父派我出来打仗，不是因为喜欢我，而是为了考察我。既然反正都难免一死，不如一战。不战而返罪过更大。作战而死，至少还能留下美名。

结果不出狐突所料，申生回国，谗言四起。

于是狐突闭门不出。

里克和狐突的温良恭俭让，其实是姑息养奸。当然，以狐突当时的地位，多半也是无能为力。里克却不是无力，而是无心，或无胆。事实上，骊姬要谋害太子，里克是知情的。然而他左右为难，他的同伙丕郑则表示没有主意。里克便对丕郑说：弑君，我不敢；帮凶，我不能。我只有躲起来。

于是里克也称病不朝。

三十天后，骊姬得逞。[15]

最后说申生。

申生名为储君，其实是个苦孩子。母亲身份不明，父亲另有所爱，大臣们对他的建议和劝导，都是要乖，要好，要听话，要尽忠，要尽孝。从来就没人告诉他，他自己有什么个人权利可以主张，也不知道该如何主张。[16]

因此，当申生被骊姬诬陷时，他其实是无法自救的。有人对他说：太子去申辩吧，君上一定能明辨是非。申生却心灰意冷。申生说，我去申辩，骊姬就得问罪。我的国君和父亲老了。没有骊姬，他老人家吃不下饭，睡不着觉。君父不开心，申生怎么可能开心？

鲁僖公四年（前656）夏历十二月二十七日，申生在曲沃上吊自杀。[17]

冤死的申生死不瞑目。据说，死前申生托人带话给闭门不出的狐突：申生有罪，不听您老人家的话，才有了今天这个下场。申生并不敢贪生怕死，只是心疼国君老了，国家又多灾多难。您老人家再不出山，奈吾君何？如果您老人家肯出来做事，申生就算是拜您所赐而死，将无怨无悔。[18]

狐突后来的死节，或许与此有关。

再说君臣

现在，似乎该检讨一下君臣关系了。

君臣父子，历来被看做最重要的人际关系。想当年，年轻的孔丘到齐国找工作，景公问他何以治国，孔子的回答便是“君君，臣臣，父父，子子”，也就是君像君，臣像臣，父像父，子像子。齐景公则点头称是说，是啊，如果君不君，臣不臣，父不父，子不子，就算有粮食，寡人吃得到吗？[19]

事实上，君臣父子这四个字，乃是中国古代最重要的政治理念、道德规范和制度设计，因此从西周以来，就被着力打造、建立和维护，不容动摇。

当然，秦汉前后，君臣关系是有区别的。从西周到春秋，理论上讲是家臣效忠家君，国臣效忠国君，天下之臣效忠天下共主，即士效忠大夫，大夫效忠诸侯，诸侯效忠天子，逐级效忠。到战国，天子没有了，三级效忠就变成了两级效忠。但，逐级效忠不变，君臣关系也不变。

秦汉以后，诸侯没有了，逐级效忠变成直接效忠。皇帝是唯一的君，其他人从官员到百姓，都是臣。不过，这也要看世道。如果天下大乱，则各为其主。比如东汉末年，就是周瑜效忠孙权，关羽效忠刘备，郭嘉效忠曹操。效忠对象虽不相同，君臣关系仍然是纲。

很显然，在中国古代，君臣关系是社会稳定的基础，君主制度的基石。其他关系，也都可以看作君臣，比如父亲是家君，丈夫是夫君。兄弟和朋友看似平等，那是因为上面还有君父。没有君父，大哥便是君。君臣之道，岂非大义？

可惜，它先天不足。

不足在于不平等。君父，毋庸置疑地高于臣子。这可是违背人之天性的，因此不能不设法弥补。弥补的办法，是用对等来替代平等。比如“君仁臣忠，父慈子孝”，或“君使臣以礼，臣事君以忠”。也就是说，君臣父子都有道德上的义务，也都要遵守游戏规则。一旦失礼，很可能代价惨重。[20]

这事有案可稽。

公元前 559 年，卫献公请两位大夫吃饭。两位大夫依照礼节，衣冠楚楚准时准点来到朝堂，恭恭敬敬地等在那里。然而左等不来右等不来，太阳快下山了卫献公还不露面。最后，才发现他在园子里射雁。而且见了两位大夫，居然不脱皮冠就跟他们说起话来。

这是严重的失礼。

我们知道，皮冠，是戎装或猎装。所以，君臣相见，即便是在战争中或狩猎时，也至少要摘下皮冠。鲁成公十六年，晋国大夫郤至三次遇到楚王战车，每次都要免冠。楚共王派使节去慰问他，他立即免冠听命。鲁昭公十二年，身穿猎装的楚灵王接见自己的大臣，则不但免冠，而且去披（脱去披肩）、舍鞭（扔掉马鞭）。这些动作都被《左传》隆重地一一记录在案，可见意义之重大。

实际上服饰在古代中国，都是有意义的。比如不摘皮冠，就是把对方当作仇敌或野兽。请客吃饭而着猎装，更是公然的羞辱。卫国这两位大夫忍无可忍，怒不可遏，便发动兵变把献公驱逐出境，十二年后才让他回国。

此事发生时，晋国的国君是悼公。悼公问他的乐师师旷：卫国人驱逐了他们的国君，是不是也太过分了？

师旷却斩钉截铁地回答：恐怕是他们的国君太过分。国君是祭祀的主持人，也是人民的希望。如果人民失望，那又何必要他？老天爷是爱民如子的。上天为人民立君，难道是让他骑在民众头上作威作福？[21]

这话说得掷地有声，应该喝彩。

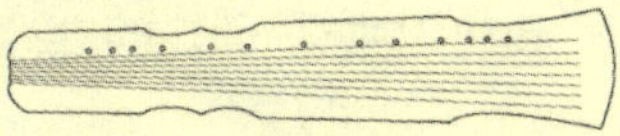

伏羲式

神农式

师旷式

仲尼式

◎ 琴师师旷

传说师旷先天性失明，自称“盲臣”，却因此拥有了极强的辨音能力，即所谓“师旷之聪”。

春秋时诸侯都有精通弹奏的乐师，大多以“师”为氏，如师涓、师襄等。古琴初为五弦，汉朝起定制为七弦，琴式（造型设计）则有数十种之多。

可惜，君要仁，父要慈，要像君和父的样子，并没有可操作的制度来保障，也没法进行监督。他们仁不仁，慈不慈，守不守礼，像不像样，全靠自觉。相反，君父们的绝对权威，则天然合理，无人质疑，不可动摇。结果是，君可以不仁，臣不能不忠；父可以不慈，子不能不孝。甚至一旦君父昏暴，则很可能不幸如申生：尽忠，他得死；尽孝，他也得死。不死，就不忠不孝；死，则忠孝两全。

这是什么混账逻辑！

这又是什么狗屁道德！

于是臣子们便只能碰运气，或者看着办。狐突、里克和庆郑的共同特点，就是恪守臣道，但不出卖良心，也不放弃尊严。要杀，随你！要命，拿去！我可以去死，但话要说清楚。死得不明不白，不干！

荀息则是另一种态度，那就是无条件地尽忠。在他看来，受人之托，尚且要忠人之事，何况是君父所托？至于成功与否，则谋事在人，成事在天。

这恐怕也是大多数臣子的基本立场和选择。因为不管怎么说，君，总归是一国之主；父，则无疑是一家之主。君主蒙羞，则举国蒙羞；君主蒙难，则举国蒙难。所以惠公被俘后，晋国的大夫们都披头散发，拔起帐篷跟着走。

秦穆公无奈，只好派使者去传话：诸位不必那么忧虑吧？寡人陪着贵国国君往西走，不过是要告慰贵国故太子的在天之灵，岂敢有什么过分之举？[22]

晋国的大夫们则诚惶诚恐地行起了将亡或已亡之国的大礼，三次下拜三次叩首。他们说：伟大的君上！您老人家脚下是地，头上是天。皇天后土都听到了您的誓言。我等卑微的外邦小臣斗胆站在下风口，等候您仁慈的命令！[23]

后来晋惠公被释放，这一幕也是起了作用的。

当然，起作用的因素还有很多。其中之一，便是晋国外交官的成功斡旋。

第五章

使节

叔詹走向那口大锅，
两手紧紧抓住鼎耳，
对着苍天大声呼喊：
杀了我吧，杀了我吧！
从今往后，
以智慧和忠诚报效国家的，
都跟我同样下场！

弱国岂能无外交

秦穆公终于见到了吕甥。[1]

吕甥是晋惠公的死党，里克和丕郑的死敌。当年丕郑被派到秦国赖账，就谎称不同意割让河西之地的是吕甥。穆公听他这么说，便采纳丕郑的建议，派人到晋国诱捕吕甥。没想到吕甥等人识破诡计，反过来杀了丕郑，又把里克和丕郑的死党一网打尽。秦穆公想得到的，自然全部落空。[2]

因此吕甥和穆公，可以说有一种特殊的缘分。只不过这一回，吕甥是作为晋国的使节到秦。使命，则是接回韩之战中兵败被俘的惠公。

吕甥的使命不容易。

任重是肯定的。韩之战，晋国既战败，又理亏。答应赠与的土地不赠与，这是背信；晋国受灾秦国支援，秦国受灾晋国乐祸，这是弃义。因此秦国的愤怒已经到了极点。他们抓住了罪魁祸首，哪能说放就放？

秦国君臣，也意见不一。有人主张杀了晋惠公祭祖，有人主张要晋国拿太子作人质来交换。秦穆公的夫人是晋惠公同父异母的姐姐，则拼了命来救她弟弟。最后，穆公同意谈判，吕甥则来接人。这件事虽然已有八九成希望，但吕甥如果一言不慎，仍可能触怒秦国，那可就万劫不复。

因此吕甥跟穆公的对话，便很有看点。

穆公问：贵国和睦吗？

吕甥说：不和睦。那些小人们，因为国君被俘而羞愧难言，因为亲人战死而悲痛不已。他们不怕征税加赋，全都整装待发，一心要立太子为君。他们说，宁肯事奉戎狄，也要报此大仇！君子则既心疼自己的国君，也清楚他的罪过。他们不怕征税加赋，全都整装待发，一心等待贵国的命令。君子说，秦国的恩德，是一定要报答的呀！如果不能报答，那就只能战死。小人和君子，各执己见，所以不和睦。

这其实是绵里藏针，话中有话了。

穆公当然也听出那骨头来，于是又问：贵国臣民，怎么看国君的命运前途？

吕甥说：小人忧心忡忡，认为他难免一死；君子主张恕道，认为他一定回来。小人说，我们害苦了秦国，秦国岂能放过寡君？君子说，我们已经知罪，秦国一定宽宏大量。一个人，背信弃义就抓起来，低头认罪就放了他，天底下，还有比这更厚道的德行，更严厉的惩罚吗？结果肯定是心存感激地惦念那恩德，心怀鬼胎地畏惧那惩罚。因此，就凭这一惩前毖后的举动，秦国便可以称霸。敝国的君子们坚信，与此相反的蠢事，秦国是不会干的！

穆公听了，大为赞许。他不但如约放人，还立即改善了惠公的生活待遇。[3]

吕甥这番外交辞令，不卑不亢，有理有节，确实可圈可点；而另一位外交官的表现，则堪称以柔克刚，四两拨千斤，不能不让人拍案叫绝。

这位使节，就是鲁国大夫展喜。

展喜比吕甥更难。吕甥代表的晋国，只是战败而已；展喜代表的鲁国，却是还没开打就得求和。公元前634年，鲁僖公因为得罪齐国，遭到讨伐。鲁国根本不是对手，只能诉诸外交。但，话怎么说，事怎么办，见面礼怎么送，鲁国君臣一筹莫展。因为再贵重的礼物，人家也可能不屑一顾。最后，展喜决定带最微不足道的东西去。

他带去的是“膏沐”。

膏沐，其实就是洗发膏和沐浴露。

展喜说：敝国寡德之君不懂事，没伺候好贵国边疆的大臣，劳累君上您尊贵的脚步踏入敝国卑贱的土地，贵军将士也风餐露宿十分辛苦，寡君非常非常过意不去。因此，特派臣下冒昧地送些洗发膏和沐浴露，以示犒劳。

齐孝公问：鲁国害怕了吧？

展喜说：小人胆战心惊，君子有恃无恐。

孝公说：切！你们的粮库里一粒米都没有，田地里一棵草都不长。贵国都成这样了，凭什么满不在乎？

展喜说：凭贵我两国的传统友谊！贵国先君是太公，敝国先君是周公。想当年，太公和周公辅佐武王平定天下，被成王册封在此。天底下，还有比这更铁的哥们吗？小弟犯了错误，大哥当然要教训，却总不至于要了小弟的命，也不会为了一点蝇头小利忘了先王。所以我们不怕。

齐孝公听了，立即下令撤军。[4]

显然，这同样是相当成功的交涉。事实上，弱国未必无外交。相反，正因为弱势，才更要善于运用外交手段；弱国或战败国的使臣，不但要刚柔兼济智勇双全，还更要有君子风度和贵族精神。

那就再看几个案例。

凶险的婚礼

公元前 541 年，郑国都城之内一片恐慌，因为楚国的一位政要即将进城。

这位政要是王子围。

子围是楚国的令尹。令尹，是春秋战国时期楚国执掌军政大权的最高长官，相当于后世的宰相，大多由王子甚至储君来担任。实际上，子围就是前任楚君康王的弟弟，现任楚君郏敖的叔叔。而且，也就在这年年底，他即位为楚王，即楚灵王。这样一位人物，当然非同一般。

令尹子围是来迎亲的。

他娶的是郑国大夫公孙段的女儿。

段，是郑穆公的孙子，所以叫“公孙段”。楚国的政要来迎娶郑国大夫的女儿，这是天大的好事，为什么要恐慌?

因为子围是带着兵来的。

事实上，子围来郑国，主要是进行国事访问，然后参加在郑国境内举行的十一国会议。当时诸侯的会盟有两种：一种叫“乘车之会”，不带兵；一种叫“兵车之会”，带兵。公元前639年宋襄公大会诸侯，约定的就是乘车之会，楚成王却带了兵去，结果宋襄公做了俘虏。

历史的经验值得注意，郑国不能不小心谨慎。何况楚国的狼子野心，子围的专横跋扈，没有人不清楚。这回他来郑国，谁知道真实目的是什么？谁又能担保他不会因为某件事情不高兴，就在郑国都城之内大动干戈？

难讲啊，难讲！

没错，此刻已是春秋晚期，礼坏乐崩，并非所有人都讲君子风度。何况楚人一贯自称蛮夷，原本就不那么恪守周礼。公然称王，就是表现。郑国虽然在春秋最早期，曾经是唯一的强国，这时却衰落到接近“第三世界”。楚国则虽然原本“蛮夷之邦”，现在却俨然“超级大国”。这就有如后来的葡萄牙遇到了大英帝国，硬碰硬是不行的。

惹不起躲得起。郑人只好请子围一行住在城外的国宾馆，好吃好喝伺候着。

麻烦在于，子围除了访问，还要娶亲。按照当时的婚姻制度，从说媒到成婚，要经过六道手续。最后也最隆重的一道是“亲迎”，也就是新郎亲自到女方家里迎接新娘。这是除天子以外人人都要做的，子围当然也不例外。

亲迎就得进城，所以郑国恐慌。

这时，郑国主持工作的是大政治家子产。子产其实也没有办法，只能派一位使节去交涉。

使节的话，当然说得非常谦恭。他说：敝国的国都实在太狭小，根本就不足以款待令尹大人的随从。敝国唯恐怠慢，因此请允许我们在郊外清理出一片宽敞的地面，权且替代公孙段的祖庙，不知可否？

子围也派使节作答。

楚国使节的话，同样客客气气，其实却不容商量。楚使说：承蒙贵国君上恩准，赐福予敝国寡德之大夫子围，让围有机会给公孙大夫的女儿一个幸福美满的家庭。围接到命令，不敢怠慢，立即举行仪式，向列祖列宗禀告，然后才胆敢前来亲迎。如果在荒郊野外举行婚礼，那就等于是把贵国君上的恩典扔在草莽之中，也让敝国寡德之大夫围，蒙受欺骗先君的不白之冤。这样一来，围还能够回国为卿，替寡君效力吗？恳请大人三思！

郑国的使节只好干脆把话说穿。这位使者说：一个国家，弱小不是他的罪过。但如果稀里糊涂地以某大国为靠山，却毫无戒备，那就罪该万死。寡君将公孙之女许配给令尹大人，无非就是想要有个靠山。但是谁又知道，那大国是不是包藏祸心，要打小国的主意呢？我等小人别的不怕，就怕这样一来，小国没了依靠，诸侯也起了戒心。贵国失信于人，号令天下就不再那么一呼百应。否则，敝国的国都，就是贵国的宾馆，哪里还会舍不得开放公孙段的祖庙？

这就等于捅破了窗户纸。子围一行，也知道郑国已经有了防备。借迎亲而灭郑国，是做不到了；而从《左传》的表述看，他们还真有这打算。于是提出不带兵器进城，郑国也表示同意。一场凶险的婚礼，终于有惊无险，化险为夷。[5]

嘿嘿，弱国岂能无外交？

枪杆子里面出说法

婚礼结束后，子围便去开会。

这次十一国会议，是五年前“宋之盟”的继续。那次盟会在中国历史上很有名，甚至被认为是东周上下两段的一个分界点——前半段以诸侯兼并为主，大夫兼并为次；后半段则是大夫兼并为主，诸侯兼并为次，堪称划时代。[6]

宋之盟的起因，原本是宋国大夫向戌痛感诸侯争霸，战乱不已，因此发起和平倡议。当时有发言权的超级大国，主要是晋、楚、齐、秦。向戌跟晋国执政赵武、楚国执政屈建私交不错，一说就通。齐国和秦国，也表示支持。诸小国处在夹缝中，早已苦不堪言，更是乐观其成。

于是，公元前546年，即鲁襄公二十七年夏天，以宋为东道国，晋、楚、齐、秦及其同盟国代表，共同签订了和平条约。

此后小国得到的和平安宁，宋有六十五年，鲁有四十五年，卫有四十七年，曹有五十九年，多数达半个世纪左右。[7]

因此，历史上便把这次盟会，称为“弭兵之会”。弭读如米，停止和消除的意思；兵，指战争。所谓“弭兵之会”，其实也就是当时的“世界和平大会”。

可惜，世界和平大会，一点都不和平。

盟会还没开始，楚国就提出一个提案，要求各大国的同盟国相互朝见。这个提案表面上看，很是合理。比如江湖大佬们拜了把子，各自门下的小弟当然也要见见，然后四海之内皆兄弟也。但实际上，楚国其实别有用心。要知道，参加盟会的国家中，只有陈、蔡、许三个小国是楚国的马仔，其余鲁、宋、卫、郑这几个中等国家则是晋国这边的。而且，鲁和宋拜了楚国的码头，鲁国的小弟邾和莒（读如举），宋国的小弟滕和薛，也会跟了去。再加上曹国，楚国便宜占大了。[8]

晋国当然不能同意。

于是，晋国代表团团长赵武，便让会议的发起人和联络人向戎转告楚人：晋、楚、齐、秦，地位相当。晋国不能指挥齐国，就像楚国不能命令秦国。楚国如果能让秦国国君驾临敝国，敝国寡德之君又岂敢不去请齐君？楚人则耍赖皮说，那就我们两家的小弟们见见好了。

可见，晋楚两国，一开始就在较劲。

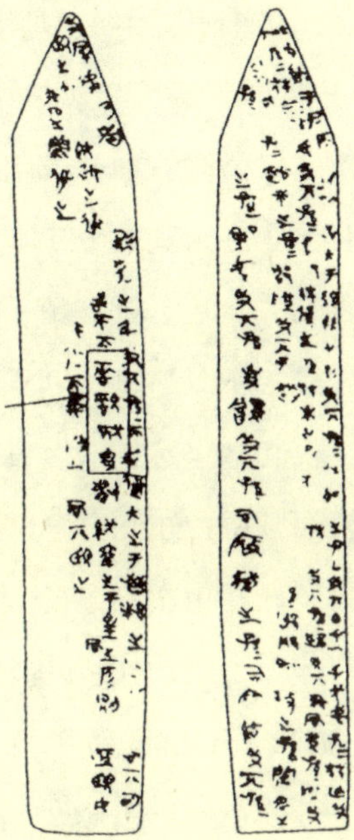

◎ 侯马盟书摹写

1965 年出土于山西省侯马市，文字书于圭形玉石的正反两面。所谓盟书，即会盟时商定的盟约。

因此两国的代表团，也各住一边。晋人住在宋都北，楚人住在宋都南。楚人甚至“衷甲”，也就是礼服里面穿了防弹背心。如此如临大敌暗藏杀机，让晋国代表团颇为紧张。最后，还是副团长叔向安慰团长赵武：打着谋求和平的旗号来发动战争，楚国应该还不至于。

但，要价则是肯定的。

楚人的要求，是先歃。歃（读如煞），就是歃血。这是当时诸侯各国盟会的重要程序。具体做法，是牵一头牛来，割下左耳，放在盘子里；流出的血，则放在一种叫作敦（读如对）的食器中。然后，参加会盟的代表，依次以口微微饮血，或用手指头蘸血涂在嘴旁，叫"歃血为盟"，相当于在合同书上签字。

不过，签字可以同时，歃血却有先有后。排在第一的，一般都被认为是盟主，或盟主就该先歃。所以楚国的要求，晋国便表示不能同意。晋国代表团说：我们是当然的盟主，没有谁可以在晋国之前先歃血。楚国代表团则说：你们自己声称贵我两国地位相等，那就应该轮流坐庄，凭什么每次都是晋国优先？

吵来吵去的结果，是晋国让步。代表团内部，副团长叔向又劝团长赵武：诸侯归服的是德政，不是谁做主持人。历来诸侯会盟，都有小国来主持的。这次就让楚国做一回晋的小弟，又有何妨？

于是楚人先歃。[9]

不和平的世界和平大会，到此总算落下帷幕。但叔向的说法，则其实自欺欺人。没错，小国做盟会主持人的事是有的。但那指的是"执牛耳"，也就是把牛的左耳割下来放在盘里。这种相当于司仪的事多半由小国的大夫来做，盟主是不动手的，在旁边看，叫"卑者执之，尊者涖之"。然后，盟主取敦中之血先歃。盟主歃血后，才轮到其他人。[10]

由此可见，同盟国地位的高低，不在盘中牛耳，而在敦里的血。先歃血的，才是老大。所以，公元前 502 年，晋国和卫国会盟，卫灵公让晋国大夫执牛耳，自己先歃血，结果便发生了肢体冲突。执牛耳，牛吗？[11]

看来，弭兵之会上楚国占尽了上风。原因也很简单，这时的楚国已成为南方强国，北方的晋国则开始走下坡路。强大的军事力量，支持着楚国强悍的立场和强硬的态度。种种外交辞令，不过是华丽的面纱。

枪杆子里面出政权，也出说法，甚至歪理。

实际上，所谓“世界和平大会”（弭兵之会），不过是大国的俱乐部。小国除了唯命是从，并没有多少发言权。他们的代表，不要说维持国际秩序，也不要说捍卫国家的主权和尊严，就连保住自己的性命都不容易。

比如叔孙豹。

硬汉叔孙豹

叔孙豹差点被杀。

鲁国大夫叔孙豹，是一位杰出的外交家。他跟鲁国执政季武子的分工，基本上是“叔出季处”，也就是叔孙豹管外交，季武子管内政；叔孙豹出使，季武子守国。所以，公元前546年的宋之盟，公元前541年的虢之会，叔孙豹都是鲁国的首席代表。他的差点被杀，就发生在虢之会。

所谓虢之会，是五年前宋之盟（弭兵之会）的延续。因为会议地点在东虢（故城在今河南省郑州市境内），故名。东虢原本是周文王弟弟虢叔的封国，后来被郑国所灭，这会儿是郑国的属地。因此，楚国令尹子围来开会，便先访问郑国，顺便迎娶郑国大夫公孙段的女儿，这才有了那场“凶险的婚礼”。

那么，宋之盟后，为什么还要有虢之会？

表面上的理由，是重申世界和平；实际上的原因，是楚国要维持霸权，甚至是子围要耀武扬威。所以在会前，楚国代表团便提出不再歃血。因为上次会议是楚人先歃，如果又来一次，则理应让晋国先。如果不歃，则楚国仍是盟主。晋国代表团团长赵武再次让步，盟会也完全变成了走过场。

大出风头的是子围。

子围当然得意。五年前弭兵之会时，楚国的首席代表是屈建。一年后，康王和屈建相继去世。康王的接班人懦弱无能，子围便大权独揽，玩弄国君于股掌之间。这次出国，更公然摆出楚王的仪仗，成为本次会议最遭热议的花絮。各国代表指指点点，楚国副代表怎么解释都无济于事。

然而就在楚人春风得意，各国议论纷纷，会议即将结束之时，战争却爆发了。

发动战争的是鲁国的季武子。季武子事先不打招呼，突然袭击了莒国的城市郓（读如运，在今山东省沂水县），并据为己有，莒人则一状告到了会上。莒国在历史上，是一会儿依附于鲁，一会儿依附于楚的。现在鲁国欺负他，他当然要请楚国做主。楚国以盟主自居，也当然不能不管。何况这事还发生在世界和平大会期间，如果不闻不问，实在说不过去。

于是楚国代表团正式照会晋国：请同意诛杀鲁国代表团首席代表叔孙豹，以谢天下！

晋国，该如何表态？

很难很难。

事实上，诚如楚人所言，弭兵之盟还没散会，鲁国就发动了对与会国的战争，当然是对会议的公然挑衅，对誓言的公然背叛，对盟约的公然亵渎。但，这事是季武子干的，叔孙豹并不知情。杀叔孙豹，岂非冤枉？

晋国代表团团长赵武的助理却趁火打劫，向叔孙豹索取贿赂。这位助理竟然派了一个使者前去暗示：只要叔孙豹肯花钱，他可以在赵武和楚国那里代为说情。

当然，助理的话说得很委婉，他想要一根腰带。

叔孙豹断然拒绝。

生死未卜的叔孙豹说，我等参加盟会，是为了保家卫国。国家出了事情，总要有人顶罪。我如果靠贿赂而免于一死，那些人无从泄愤，就只能进攻鲁国了。这是给国家带来灾祸呀，怎么能算是保卫她？

何况一个使节，奉君命而临大事，代表的是自己的国家。国家出了事，花钱去私了，岂非化公为私？此例不可开，此风不可长。我叔孙豹宁愿去死，也不行贿！

于是，叔孙豹扯下一块绸缎对使者说：我的腰带太窄了，请拿这个回去交差吧！

赵武听说，肃然起敬。

深受感动的赵武说：一个人，大祸临头却不忘国家，这是忠心；面对灾难却不离职守，这是诚信；为了祖国而不惜牺牲，这是坚定。一事当前，首先想得到的是忠信坚贞，这是道义。这样的人，难道也可以杀吗？

当然不可以。

事实上，不但晋国代表团力保叔孙豹，就连楚人最后也网开一面。因为正如赵武所言，一个国家，如果所有的大臣都像叔孙豹一样，在内不怕困难，在外不避艰险，那就固若金汤，无所畏惧。这一点，倒是不论大国小国的。[12]

所以，必须保住叔孙豹。保住叔孙豹，就是保住一种气节，一种精神。有这种气节和精神，就是男子汉大丈夫。汉子是会受到敬重的，哪怕他不是使者，甚至还是对方恨之入骨，必欲置之死地而后快的敌人。

比如叔詹。

两手都要

叔詹是晋文公重耳指名道姓要杀的人。

公元前 637 年，流亡国外的晋国公子重耳路过郑国，遭到郑文公傲慢无礼的对待。第二年，重耳在秦国军队的护送下回国，成为晋国国君，是为晋文公。六年后，也就是公元前 630 年，晋文公为报当年的一箭之仇，同时惩罚郑国在晋楚城濮之战中向着楚国，便联合秦国伐郑。联军来势汹汹，兵临城下。据说，晋国的军队甚至已经推倒了郑都城墙上的矮墙。

这时，郑人无论怎样求饶都不管用。满腔仇恨的晋文公放出话来：把叔詹交给我，我就撤兵。

叔詹，怎么就得罪晋文公了？

难道郑文公的无礼，是叔詹的主意？

不。恰恰相反，叔詹力劝郑文公善待重耳。只不过，当他再三规劝仍然无效时，叔詹提出：如果不能以礼相待，那就杀了他。因为叔詹早已断定，公子重耳非同一般，迟早会继承君位。到时候，他也一定会来报复。

事实证明，叔詹是对的。

不过，当年的郑文公虽然铸下大错，这时的表现却像条汉子。他拒不交出叔詹，甚至不把这事告诉叔詹。

叔詹却挺身而出。

准备以身殉国的叔詹，只身一人奔赴晋营。他说：晋人围我郑国，不就是想要得到詹吗？如果以区区一人之身，可以换回百姓的生命、国家的安宁，这正是詹的愿望。

晋人则架起一口大锅，打算把他烹了。

叔詹说：请允许我把话说完再死！

晋文公说：你讲！

叔詹说，皇天上帝降灾于郑，让我郑国大祸临头。今天这个局面，是下臣当年就预计到了的。能够尊敬贤明，防止祸患，这就是智慧；能够杀身成仁，报效祖国，这就是忠诚。说完，叔詹走向那口大锅，两手紧紧抓住鼎耳，对着苍天大声呼喊：杀了我吧，杀了我吧！从今往后，以智慧和忠诚报效国家的，都跟我同样下场！

晋文公站了起来。他不但立即下令释放叔詹，而且以最隆重的礼节送他回国。

回国以后的叔詹受人敬重自不待言，可惜事情却并未因他的忠烈而告终。积怨难消的晋文公又提出，必须见到郑文公，当面羞辱一番，才肯罢休。

如此城下之盟把郑文公逼入了死角：签则辱国，不签则亡。进退维谷，就需要外交官来斡旋了。

郑国派出的外交官，叫烛之武。

烛之武是郑文公亲自请出的，之前则似乎颇受冷落。所以，郑文公去请他时，他的回答是：臣年轻的时候，尚且比不上别人。现在老都老了，又能怎么样？郑文公则放下身段诚恳相邀：过去没能重用先生，是寡人的过错。但如果郑国灭亡，于先生也有所不利吧？

于是烛之武趁着夜色潜入秦营，去见秦穆公。

烛之武的做法是对的。因为这个时候，做晋文公的工作已无济于事，只能釜底抽薪，策反秦穆公。但，动之以情没有用，晓之以理也不成。能够说服秦穆公的，只有利害。

潜入秦营的烛之武，给穆公算了三笔账。

第一笔账，是灭亡郑国对秦有没有好处。烛之武的结论是没有。因为秦国和郑国之间，隔着晋国。就算秦晋两国瓜分郑国，秦国得到的也是一块飞地。飞地很难真正占有。最后的结果，势必便宜了晋。晋国占便宜，就是秦国吃大亏，还要搭上财力物力，兴师动众，何必呢？

第二笔账，是保全郑国有没有好处。结论是有。因为秦在西，郑在中原。秦国有事于诸侯，多半要借道郑国东行。郑国作为东道主，可以为秦国的行李往来，提供种种方便。东道主，就是东边道路的主人；行李又叫行理或行人，也就是使者。所谓“舍郑以为东道主，行李之往来，供其乏困”，就是整个郑国都成为秦的驿站和招待所，好处当然不小。

第三笔账，是晋国和秦国的联盟靠不靠得住。结论是靠不住。前车之鉴，便是晋惠公的背信弃义。何况晋国的野心哪里会有满足？他现在挥戈向东，把郑国当作囊中之物。如果得手，下一步就该向西扩张了。西边除了秦国，还有谁能填饱他的肚子？因此，对于秦国来说，联晋灭郑是损己利人，甚至引狼入室。

最后，烛之武对穆公说：请君上三思！

秦穆公当然一听就懂。他立即单方面与郑国签订和平协议，还派出部队给郑国站岗放哨。晋国的大夫闻讯，请求攻击秦军，晋文公却不同意。文公说，没有秦国，寡人就没有今天。受惠于人又反目为仇，是不仁；失去盟国再树敌人，是不智；放弃和谐制造动乱，是不武。我还是回去吧！

结果晋文公也撤兵。[13]

命悬一线的郑国终于转危为安，这是叔詹和烛之武，也是义和利的共同胜利。

如果战败

郑文公应该庆幸，因为战败国的日子不好过。

事实上，仅仅过了三十三年，郑国就真正尝到了战败的滋味。只不过，这次的胜利者是楚人，战败的郑君则是襄公。公元前 597 年，也就是襄老战死，知罃被俘的同一年，楚庄王因郑国在楚晋之间摇摆不定，决定教训一下这个“两面派”。这年春天，楚军包围了郑都。三个月后，郑国最后一道防线被攻破。郑襄公无路可走，只有投降。

投降是无条件的。作为战败国国君，襄公光着膀子牵着羊，递交了投降书。投降书上说得很清楚，郑国的土地、臣民和他自己，都任由楚国处分。也就是说，即便楚君开恩不灭亡郑国，郑国也跟楚国的一个县没什么两样。

递交了投降书，郑襄公就等着发落。

很显然，战败国不可能主宰自己的命运，他们的前途也有好几种。待遇最好的，是只要认输认栽，胜利者就放他一马，歃血为盟即可。但，这种情况多半发生在春秋早期，交战双方也原本势均力敌。既然吃不掉对方，当然讲和为宜。

春秋晚期的小国就难说了。好一点的，是虽不亡国，但要变成附庸。再差一些，是战败国的臣民被迁出祖国，到其他地方定居。更差的，是他们都成为奴隶，被当作苦力、贡品或商品。当然，他们也可能被整体掳往战胜国，有如当年犹太人的“巴比伦之囚”。运气不好的国君或储君，则可能血溅礼器，尸横祭坛，成为刀下之鬼。

这是有案可稽的。

比如蔡灵公。

蔡灵公原本是蔡景公的太子。公元前543年，蔡景公为太子娶妻于楚，然后又跟这儿媳妇私通。太子忍无可忍，杀了景公，继位为君，是为灵公。

不过蔡灵公被杀，却不因为弑君，而在对楚国不忠。他伺候的楚君，偏偏又是灵王。前面说过，谥号为灵的都有问题，比如与夏姬偷情又被夏姬之子杀掉的陈灵公，因为吃王八起纠纷而被杀掉的夏姬之兄郑灵公，派刺客暗杀大臣反被杀掉的晋灵公，做事不靠谱派宦官去向战俘传达命令的齐灵公等等。现在蔡灵公遇到了楚灵王，当然不灵，活该他倒霉。

公元前531年，也就是蔡灵公弑君之后十二年，此公被楚灵王骗到某地，灌醉后活捉，然后杀掉。与此同时，楚灵王派兵包围蔡国，蔡国太子率领国人英勇抗战，最后因力不能支而城破被俘，楚灵王竟把他杀了祭祀社神。[14]

战败国命运之惨，可见一斑。

那么，郑襄公前途如何？

他的运气不错。因为这时的楚君，还不是灵王，而是庄王。庄王不但没有采纳某些人的建议灭亡郑国，反倒退兵三十里，才跟郑国签订和平条约。[15]

但，如果以为楚庄王是发善心，那就大错特错了。也就在一年前，他借口讨伐夏姬的儿子而入陈，便决定把陈变成楚国的一个县。事实上，如果不是他自己外交官的一席话，陈国没准就灭了，后来的郑国也不会有好下场。

这位楚国外交官，叫申叔时。

楚庄王进攻陈国的时候，申叔时正好出使齐国。使命完成以后，照例要回国向君王复命。然而申叔时述职完毕，便立即退下，什么都不再说。

庄王奇怪，让人叫住他问：寡人凯旋，众人皆贺，只有你一言不发，什么意思？

申叔时问：可以陈述理由吗？

庄王说：当然可以。

申叔时便说，一个人牵了牛去践踏别人的田地，当然有罪。但如果把他的牛也没收，惩罚就太重。诸侯追随大王，是要讨伐乱臣贼子。如果顺手牵羊，把陈国也变成楚县，岂非贪小便宜？因小利而失大义，恐怕不妥吧？

庄王问：把陈国还给他们，可以吗？

申叔时说：我们这帮小人讲不了大道理，只不过平时就有句口头禅，叫“还回去总比不还的好”。

于是楚庄王让陈复国。[16]

如此看来，当年的叔詹和烛之武，堪称功莫大焉。事实上，没有烛之武，秦国不会撤兵；没有叔詹，晋国也不会罢手。不难想象，晋文公作出最后决策时，叔詹的影子一定在他眼前挥之不去。没错，政治、外交、战争，说到底都是为了国家利益。因此真起作用的，一定是利，秦穆公可以证明；然而感人至深的则一定是义，晋文公可以证明。

那么，楚灵王之灭蔡呢？

没人看好。

实际上事件发生前，晋国的政治家叔向，郑国的政治家子产，就断言蔡国必亡，楚灵王也不得好死。他们的意见也很一致：蔡灵公有罪，所以上天要借楚人之手灭了他。楚灵王多行不义，所以上天要用灭亡蔡国来加重他的罪孽。

呵呵，上帝要他灭亡，必先使其疯狂。

周景王手下一位名叫苌弘的大夫，更是从星相学的角度作了解释。苌弘说，蔡灵公弑君那年，岁星在营室。至今十二年，岁星又在营室。所以蔡灵公必遭报应。

苌弘又说，楚灵王弑君那年，岁星在大梁。两年后，岁星又会在大梁。距离楚灵王弑君，也是十二年。所以两年后，楚灵王必遭报应，蔡国则会起死回生。[17]

事实证明，叔向、子产和苌弘的预测都没错。公元前529年，楚国内乱，灵王自杀，蔡人复国。一切都准时准点，分秒不差，就像事先有一张时间表。[18]

奇怪！这世界上，难道真有天意？

不妨看看周人的鬼神。

第六章

鬼神

山鬼是骑着豹子登场的。
她站在峰顶，
遥望山下那幽静的竹林，
白云一片片飘了下来。
赤豹的旁边，是狸猫。

人有病，天知否

占卜的结果出来后，所有人都哭了。

这是公元前597年的春天。楚庄王的军队围困郑国都城七天后，郑人进行了占卜。他们先问：跟楚国讲和，有可能吗？征兆显示没有。又问：在太庙里哭，把战车都开到街上准备巷战，有可能吗？回答是有。于是国人来到太庙，守城的战士则在城墙上号啕大哭，一直哭得昏天黑地。

结果楚人退兵，留出时间让郑人修城。

当然，也可能是想招降。[1]

与此同时，晋国的大军也浩浩荡荡地开了过来。他们是听说郑都被围，闻讯赶来的。在晋楚两国的争霸斗争中，郑是晋国的小兄弟。小弟挨打，老大岂能坐视不管？当然要出手。

为此，晋国军方排出了一个豪华阵营。

请看名单——

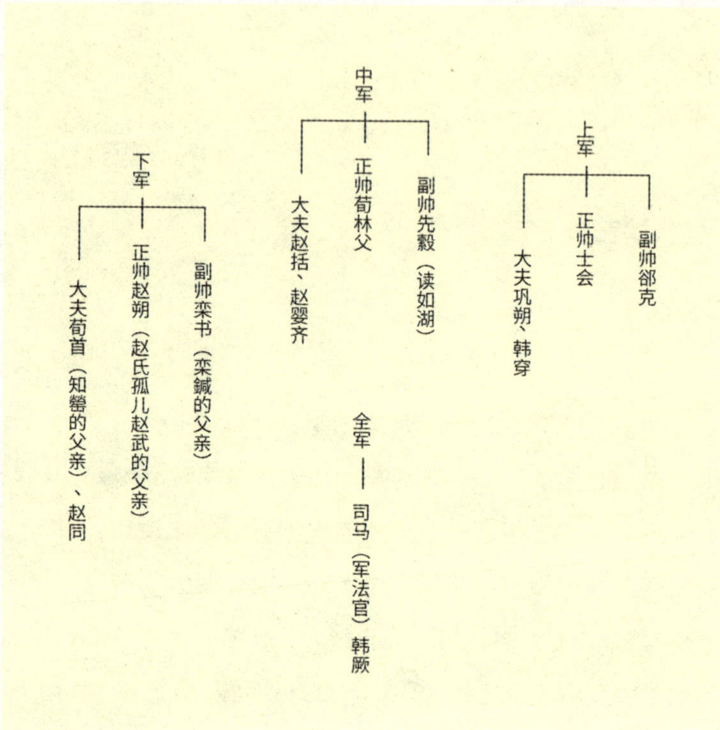

我们知道，晋国号为三军，实为六军。因为三军的统帅和副帅，都各有一支部队，每军也各有两个大夫，中军统帅则为元帅。也就是说，郑都被围时，晋国六军齐发，在元帅荀林父的率领下前来救援。

郑国却投降了。

投降是必然的，因为扛不住。楚军围城三个月后，郑都沦陷。襄公光着膀子牵着羊，递交了投降书。楚庄王则退兵三十里，跟郑国签订了和平条约。

晋军得到这个消息是在黄河边。这时，前进还是后退就成了一个问题。继续前进是没有意义的，也师出无名。郑国降都降了，你还救什么救？退回去同样不行。不但无法交差，这口气也咽不下。

箭在弦上，晋楚终于交手，这就是“邲之战”。

邲之战的过程复杂而混乱，结局却很清楚，那就是楚军大胜，晋军大败。没失败的，只有士会统帅的上军；先撤退的，则是赵婴齐指挥的部分中军。因为他们事先都做好了战败的准备。溃不成军的其他部队，则在半夜三更黑灯瞎火地渡过黄河，吵吵嚷嚷整整一夜。前面说过的荀首之子知罃也在战争中被俘。荀首只好又杀回去，射死夏姬的丈夫襄老，俘虏了楚国的王子，最后才换回儿子。[2]

这一回，晋人恐怕连哭都哭不出。

如此结局，应该不难预料。事实上，从一开始，晋军六帅十二将，意见就有严重分歧。中军副帅先縠，中军大夫赵括，下军大夫赵同，主张跟楚军决一死战；上军统帅士会，下军统帅赵朔，下军副帅栾书，下军大夫荀首，则认为应该避其锋芒。荀林父是新上任的元帅，原本威望不高。此刻夹在两派之间，更是举棋不定，完全没有了主张。

先縠却不管三七二十一。先縠说，身为军帅，却像懦夫，诸位做得到，我做不到。晋国的霸权如果丢在我们手上，不如去死！

于是，自说自话带了部队就过河。

这就是盲动了。

盲动的结果是被动。先縠过河后，军法官韩厥便对荀林父说：这支部队单兵深入敌境，多半是有去无回。您老人家可是元帅。部队不听指挥，这是谁的罪过？何况无论丢失属国，还是损兵折将，都是大罪。既然如此，不如进军。就算兵败，六个人来分担罪责，也比您一个人扛着好。

晋军这才全部过河，安营扎寨。

渡过黄河的晋军将帅仍然争论不休，中军副帅先縠则一如既往地刚愎自用。上军统帅士会和副帅郤克提出要加强战备，先縠居然也反对。士会只好让上军大夫巩朔和韩穿埋伏起来，中军大夫赵婴齐则悄悄地去准备撤退的船只，因此这两支部队最后总算得以保全。

好嘛！如此群龙无首自行其是，岂能不败？

相反，楚人则好整以暇，庄王甚至一开始就不想打这一仗。后来取胜，也没把晋军往死里打。本卷第三章所说楚军教晋军修理战车，让他们逃跑的故事，就发生在这场战争中。

◎邲之战

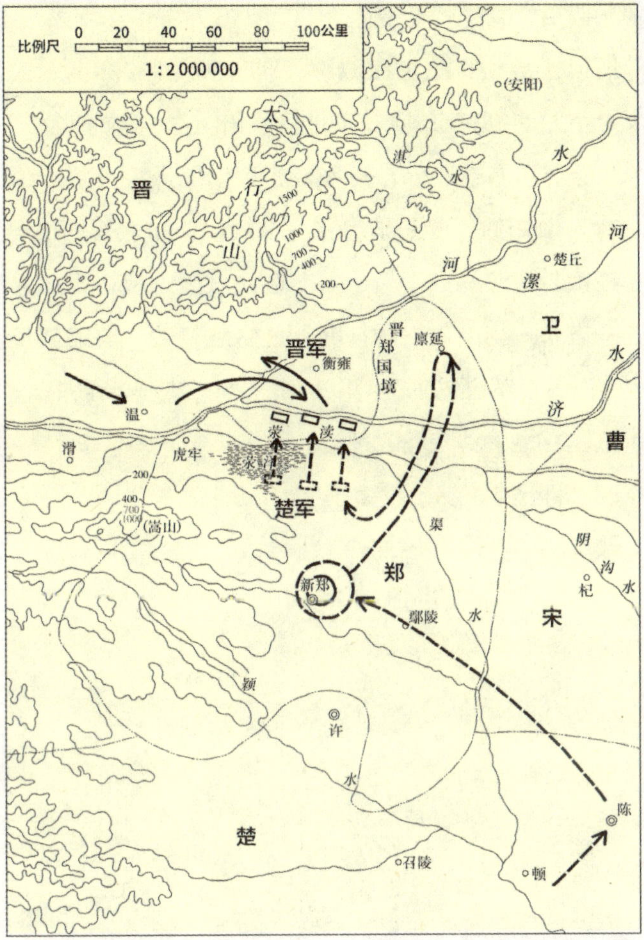

据《中国历代战争史地图集》。公元前597年，大败于城濮之战的楚军，在邲地与晋军再次大战。晋军将佐不和、指挥无力，最终楚军大胜，楚庄王也因此役奠定霸主地位。

溃败的晋军夜里渡河，庄王也没让人去赶尽杀绝。这跟他的伐郑和善后，同样颇为得体。

所以士会说，庄王在德行、刑罚、政令、事务、典则和礼仪六个方面都无可挑剔。如此稳如泰山，岂能不胜？[3]

那么，所有这些，老天爷知道吗？

有人说知道。六十年后有一个人说，邲之战的结局，占卜已经预示过了。只不过，占卜是在城濮之战，比邲之战早了三十五年。当时占卜的征兆，是楚胜晋败，结果却是晋胜楚败。占卜是不会错的。所以，邲之战，楚国必胜无疑。

这实在是一种奇怪的逻辑。

说这种怪话的人，又是谁呢？

蹶由。

迟到的应验

蹶由是吴王夷末的弟弟。

说起来吴也是文明古国，始祖是周文王的伯父，号称“吴太伯”。他和弟弟仲雍为什么要在千里之外建国已不可考，只知道司马迁把他们列在了世家的第一名。

可惜这“文明古国”在西周和东周，都悄无声息，名不见经传。直到春秋中期，吴国的国名才开始见于《春秋》，吴国的君主也才见于《左传》，并且是在同一年。因为就在这一年，我们的一位老朋友来到了吴国。

这位老朋友，就是夏姬最后一任丈夫巫臣。

公元前 584 年，或前一年，早已成为晋国大夫的巫臣获准出使吴国，见到了吴王寿梦，劝说他与晋国结盟，目的则是要联合起来共同对付楚国。

巫臣反楚是必然的。

众所周知，楚是晋的死敌。一部春秋史，差不多就有半部是晋和楚的争霸史。因此，从城濮之战到邲之战，两国交兵不断。连带着那些中等国家（比如郑和宋）和小国（比如附楚的沈，附晋的江），也倒了霉。巫臣作为晋臣，当然要联吴反楚。这是他的职责所在，也是他能对晋国作出的贡献。

另一方面，巫臣与楚也有私仇。实际上此前楚国的大夫子重和子反，已经杀光了巫臣的族人，以及夏姬的前任情人襄老之子。子反杀人是因为巫臣夺走了夏姬。子重杀人，则因为巫臣曾阻止他得到采邑。双方结下的梁子已不可解，血海深仇更演绎出惊心动魄的历史大戏。

巫臣使吴，是大戏的序幕。

决心复仇的巫臣带去了三十辆战车，还有驾驶员和狙击手。他用这些战车和战士做教练车和教练员，教吴人行军打仗，布阵攻城。又让自己的儿子担任吴国的外交官，与华夏各国建立广泛的外交关系，把吴的触角伸向了中原。

有了军事和外交这两手，吴国开始伐楚，伐巢（今安徽省巢县），伐徐（今安徽省泗县），并占领州来（今安徽省凤台县）。子重和子反则被打得顾首不顾尾，疲于奔命。[4]

吴国崛起了。

崛起的吴国成为楚的死敌。公元前 537 年，楚人联合越国和东夷伐吴，结果他们的一支部队被吴国打败。于是吴王便派蹶由去劳军。这在春秋，原本是贵族的礼仪。楚人却蛮不讲理地把蹶由抓起来，还要拿他去衅鼓。

这事做得太不像话。

不像话是肯定的。蹶由是吴王的弟弟，吴国的公子。彬彬有礼来劳军，不能款待也就罢了，岂能把他抓起来？这次遭遇战，吴人是胜利方，蹶由也不是战俘，岂能杀他衅鼓？两国交兵，不斩来使，这是国际惯例，也是起码的道德礼仪和游戏规则，岂能如此破坏？真真岂有此理！

不过这时的楚君是灵王。他不像话，也不足为奇。

蹶由被带到了刑场。

楚灵王派人问他：你来之前，没占卜吗？

蹶由说：占卜了。吉！

这就奇怪。吉，为什么会成为刀下之鬼？

蹶由解释说，寡君听说伟大的君上您要在敝国进行军事演习，便到太庙用龟甲进行了占卜。寡君对鬼神说：下臣马上就要派人去犒劳楚军，借此机会观察一下楚王火气的大小，以便做好我们的战备，请神灵明示这事能否成功。龟甲显示的征兆是吉。事实也证明，我们已经成功。

这又奇怪！被杀，是成功？

当然也有解释。

蹶由说，下臣这次出使贵国，君上如果春风满面和蔼可亲地款待使臣，敝国一定会松一口气。这样一来，敝国就会放松警惕，忘记危险，忽视战备，离亡国也就不远。现在君上怒气冲天大发雷霆，不但虐待使臣，还要以臣衅鼓，敝国也就知道不能刀枪入库，马放南山。敝国虽然弱小，但如果准备充足，也还可以与贵军周旋。关键，是有备无患。总之无论君上如何对待使臣，敝国都能知道该怎么办。战争也好和平也好，都有思想准备，当然吉。

接下来，蹶由又说：何况敝国寡德之君在太庙占卜，是为了国家人民江山社稷，哪里是为使臣一人？臣命不足惜，请君上尽管拿去衅鼓。如果臣以小命一条，能够换来国家安全，相比之下，请问哪个更吉利？

楚灵王无话可说，只好不杀蹶由，但也不放。直到鲁昭公十九年，蹶由才被释放回国。那时他已被囚禁十四年，楚君也不再是灵王，而是平王。

值得注意的，是蹶由最后一段话。

蹶由是这样说的：既然有龟甲，又有什么事情不能拿来占卜？占卜的结果，无非是吉，或者凶。有吉就有凶，有凶就有吉，谁能肯定凶或吉就一定落在某件事上？比如贵国在城濮占卜到的吉，不是后来才应验在邲之战吗？[5]

这话值得商榷。

从逻辑上讲，所谓“城濮之兆，其报在邲”的说法如果成立，那就意味着每次占卜的征兆未必立即兑现。这当然也未尝不可。问题是，如果兑现或应验都是迟到的，或不准时的，甚至说不清什么时候才对得上的，那么请问，我们还要占卜干什么？要知道，每次占卜，都要有“命辞”，相当于算命先生问你“算什么”。总不能说我问这笔生意能不能成，要等到二十年后下笔生意才应验吧？

由此想到的问题是：周人对于鬼神、宿命、天意，以及占卜、巫术、祭祀等等，到底是信还是不信？

这可是关系到我们民族文化心理的问题，不能不问。

信不信由你

周人对于鬼神，似乎是也信也不信。

跟殷商一样，周人也有祭祀和占卜，而且很重要。但凡国和家有大事，比如打仗、结盟、婚配、立储，都要占卜和祭祀。两件事目的并不相同，占卜是问，祭祀是求。或者说，占卜是向鬼神请求指示，判断凶吉；祭祀则是向鬼神汇报工作，祈求福佑。分工不同，重要性则如一。[6]

因此，从天子到诸侯，王室和公室里都有负责跟鬼神打交道的专职人员，分别叫祝、宗、卜、史，他们的首长则叫太祝、太宗、卜正、太史，各自负责不同的项目。

祝的任务是代表祭祀者向鬼神致辞，因此特别需要知道鬼神的故事和脾气。宗的任务是管理祭祀的程序，以及祭祀的场所和器物。也就是说，祝和宗，是负责祭祀的。

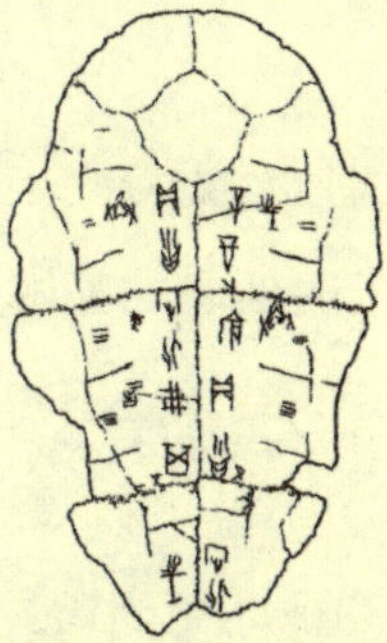

◎ 甲骨大版摹写图

即占卜后刻上文字的龟甲。

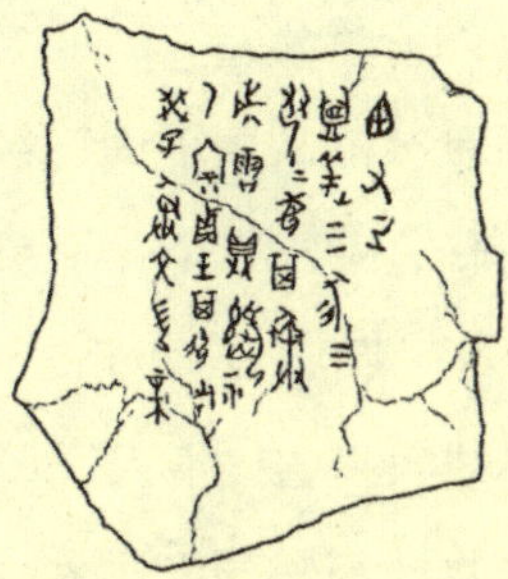

◎ 西周甲骨文摹写图

文字大意是问卜对殷王的祭祀。

负责占卜的，则是卜和史。卜，又分两种。一种是用龟甲，也叫“龟”或“卜”。另一种是用蓍草，叫“筮”。记录筮法的书，就叫《周易》。龟和筮，可能由两个人分别负责，也可能由一个人包干。占卜的结果，由史记录在案。当然，史不但敬鬼神，更要管人事。后来，就变成专业历史学家。[7]

很清楚，祝、宗、卜、史，都是当时的高级知识分子和专业人才，也是王侯们的智囊团。

但，智囊而已。

事实上，祝宗卜史都是技术官僚，或者说是事务官而非政务官，更不是政治家，因此他们的意见，往往仅供参考。

王侯们则也许听也许不听，可能听可能不听。如果占卜的结果不能让他们满意，还会要求重来。

比如晋献公。

晋献公的故事前面已经讲过，他是因为宠爱骊姬而跟申生、重耳、夷吾三个儿子都翻脸的。当时他想立骊姬为君夫人（国君正妻），照例要占卜。先用龟甲，结果是不吉。再用蓍草，结果是吉。卜人说，筮短龟长。龟是动物，蓍草是植物。动物比植物更有灵性，所以龟卜的征兆更靠谱。

但是怎么样呢？献公根本不听。[8]

事实上周人的占卜往往只是一种仪式，或心理暗示。拿主意做判断，恐怕并不真靠这个。公元前 525 年，吴伐楚。楚国的令尹占卜战争的结果，不吉。楚军司马公子鲂（读如房）便说，我们地处长江上游，怎么会不吉利？再说了，占卜战争，惯例是司马发表命辞。我要求重来。

于是重来。

公子鲂便对鬼神发表命辞：鲂率领亲兵以必死的决心打头阵，楚国国军跟着上去，希望大获全胜，行吗？

征兆是：吉。

于是，公子鲂便带兵冲锋陷阵，果然战死。楚军也果然胜利，还缴获了吴国一条大船。这条大船是那样的重要，以至于吴国的公子光（也就是后来的吴王阖闾，夫差的父亲）拼死拼活也要把它再夺回去。[9]

史书没有记载负责本次占卜的人是谁，可见其人并不重要。实际上，只有那些被视为预言家的才可能载入史册，比如秦卜徒父。公元前645年，秦晋两国发生韩之战，战前由徒父进行占卜，结论是此战必定活捉晋惠公。由于他的预测与后来的结果高度一致，因此此人青史留名。[10]

至于那些屡屡言中的“名卜”，则更会名垂青史。

比如卜偃。

卜偃是晋国的卜官。他最牛的预言，是毕万的后代非比寻常。毕万原本是晋献公的车右。因为有功，被封在魏（今山西省芮城县），并升级为大夫。卜偃马上说：万是大数，魏（通巍）是大名。初次封赏就如此崇高，这是上天在暗示了！天子的子民叫兆民，诸侯的子民叫万民。毕万的子孙，将被万民拥戴啊！[11]

这话其实已经说得很明白了，而且也没有错。毕万的子孙后来不但成为诸侯，还成为国王。他们的国家也就叫“魏”，是“战国七雄”之一。

这样的预言，实在很牛。

所以，卜偃的身影，便频繁出现在《左传》。

还有裨竈（读如皮灶）。

裨竈是郑国的预言家，曾经成功地预测了周灵王、楚康王和晋平公的死亡，以及陈国的复国和灭亡。他甚至能说出准确的时间，比如晋平公将死在七月戊子，陈国将在五年后复封，然后再过五十二年彻底灭亡。依据，则主要是星相学的。看来此人懂天文，通五行，还会巫术，是个全才。

因此，公元前525年，也就是楚国司马公子鲂与吴军战斗而死的那一年，裨竃预言宋、卫、陈、郑四国将在同一天发生火灾。他还告诉郑国大政治家子产，其实有办法消灾。

子产却不理他。

第二年五月，裨竃的预言兑现，宋、卫、陈、郑，果然在同一天陷入火海。

裨竃便对子产说：不听我的，还会着火。

子产还是不听。

有趣的是，火灾也没再发生。[12]

这就说不清裨竃是灵还是不灵。但这并不要紧，重要的是子产的一段话。正是这段话，让我们对周人甚至华夏民族的鬼神观念，有了一个清楚的认识。

那么，子产说了什么？

神就是人

子产说：天道远，人道迩，非所及也，何以知之？

这句话的意思非常清楚：人间事近在眼前，老天爷远在天边。自然界的规律、法则、变故、奥秘，根本就不是我们能掌握的，怎么可能由天道而知人道，由天象而知人事？至于裨竃的预测精准，不过因为话说得多，当然总会有碰巧说中的，其实哪里知道什么天道？[13]

嘿嘿，他根本就不信。

子产不信裨竃，也不信其他神神叨叨。第二年，郑国发生水灾，国人报告说有龙在城门外的水潭里打架，要求进行祭祀。子产说，我们打仗，龙并不看。那么龙打架，我们为什么要去看？我们无求于龙，龙也无求于我。水潭，原本就是龙的。它们在自己的地盘里打，尽管随它去！[14]

但，前一年的火灾，子产却是进行了祭祀的。他祭祀了水神玄冥和火神回禄，迁走了太庙里的神主和大龟，后来还大建土地神庙，这又是为什么？

安定人心。

人心是重要的。四国大火齐发，难免人心惶惶。这个时候，不去讨论鬼神是否存在，先用来抚慰人心再说，便相当于现在的“心理治疗”，并非没有意义。

但更重要的，还是务实。

实际上当时子产所做的工作，主要是控制局面和灾后重建，包括派府人（国库管理员）和库人（兵库管理员）看守仓库，司马（军法官）和司寇（刑法官）实施救火。子产还让人记录被烧毁的房屋，减免受灾群众的赋税，并发给他们盖房子的建筑材料。与此同时，他还立即派出外交官向各国通报灾情，下令在全国哀悼日期间，市场停止交易三天。

所有这些，都表现出务实精神和人文关怀。这才是更重要的。所以，宋国和卫国的做法也一样。相反，像陈国那样不救火，许国那样不恤民，舆论便认为他们迟早要灭亡。[15]

神重要，还是人重要？

人重要。不要忘记，正如《奠基者》一卷所说，周人的核心思想和主流观念，可是“以人为本”。

因此，神就是人。

不妨看看我们的神。

华人的鬼神世界和崇拜系统，在东汉前后并不一样。东汉时，佛教传入中国，道教悄然兴起，中国便多出两个崇拜对象，这就是佛和仙。佛原本是人。只不过悟得无上正等正觉，先自觉，后觉他，最后觉行圆满，便由人变成了佛，叫“立地成佛”。仙也原本是人。只不过服了某种丹药，或有了某种法术，可以腾云驾雾，长生不老，便由人变成了仙，叫“肉体成仙”。而且，成仙者还可以带上七大姑八大姨和阿猫阿狗，叫“一人得道，鸡犬升天”。

总之，佛和仙，都是人。这两个字，也都是单人旁。

那么，东汉以前呢？

东汉之前的祭祀对象和崇拜对象主要有三种：天神、地祇（读如其）、人鬼。天神是天上的，比如风神、雨神、太阳神。地祇是地上的，比如山神、河神、土地神。人鬼则是死人。人死为鬼。祖宗和烈士，都是人鬼。称之为鬼，不带贬义，也不是亵渎，是实话实说。

那么，天神和地祇，是人还是神？

人。只不过，是有大功德、大贡献、大作为于人类社会或国家民族的。这些功德和贡献，主要包括五项指标：为民立法，以身殉职，以劳定国，抗御天灾，平息祸乱。一个人只要达到了其中一项，死了以后就不是鬼，而是神。

比如后土和后稷。

后土和后稷是华夏民族最重要的神。后土就是土地神，他的祭坛叫社。后稷则是谷神，他的祭坛叫稷。社和稷连起来，叫社稷。社稷和宗庙，是一个国家最重要的建筑物，甚至是国家政权的代名词。

然而社神与稷神，也原本都是人。稷神是两个人，一个是炎帝的儿子柱，另一个是周人的先祖弃。他俩的贡献，是发展了农业，所以是谷神。社神则是共工的儿子句龙，曾担任黄帝的国土资源部部长（后土），所以是土地神。[16]

其实就连最高天神上帝，也一样。比如商人的上帝，就是他们的祖先帝喾；楚人的上帝，则是他们的祖先祝融。只不过，商人的叫上帝，楚人的叫上皇。上皇其实就是皇天上帝，也就是《九歌》中的东皇太一。

很清楚，我们民族的鬼神世界中，没有创世神，只有创业神。家大业大功劳大，这才福大命大造化大。但，他们的功德、贡献、作为，必须足够大。不够大，则仍然是鬼。大人物死了是“大鬼”，名人死了是“名鬼”。

鬼神既然原本是人，则鬼神的世界跟人类社会一样，也有部落和国家，而且是天人对应的。不同的部落和国家，有不同的上帝和鬼神。不是一家人，就不拜一家神，叫“神不歆非类，民不祀非族”。[17]

也就是说，你有事，要占卜或祭祀，必须面对自家的鬼神。否则，神不受理。

神与人，也是有血缘关系的。

同样，既然神的世界就是人的世界，那么，神的心灵就是人的心灵，神的愿望就是人的愿望，神的梦想就是人的梦想，神的爱情也就是人的爱情。

比如山鬼。

山鬼与女巫

山鬼是骑着豹子登场的。

那是一头赤色的豹子，有着流线型的身材，轻巧而敏捷。骑着赤豹的山鬼站在峰顶，遥望山下那幽静的竹林，白云飘然而下。赤豹的旁边，是狸猫。

嚯，这是什么神？

山神。

是的，山鬼就是山神。在楚人那里，鬼和神并没有严格的区分。只不过，这位山神是女神，而且是性爱女神。有人甚至说，她就是巫山神女。[18]

因此她在屈原的笔下，就显得十分迷人和性感——

若有人兮山之阿，

被薜荔兮带女罗。
既含睇兮又宜笑，
子慕予兮善窈窕。

山之阿（读如婀）就是山凹，被（读如披）就是披，薜荔（读如毕利）和女罗（即女萝）都是蔓生植物，含睇（读如第）即含情脉脉，微微斜视。四句歌词翻译过来就是——

有个人儿呀，
在那山窝窝；
肩上披着薜荔，
腰上系着女萝。
含情脉脉，
微微笑着。
这样好看的样子，
是因为你爱我。

确实性感，尤其是还有豹子。

豹子是山鬼的坐骑，也可能是驾车的，因为还有车。车身是辛夷木，旗帜是桂花树，车里装着石兰和杜衡。这些香花和野草，都是要送给心上人的。

那么，心上人是谁?

不清楚,也不必清楚,因为这不是情歌,而是神曲。实际上,《楚辞·九歌》十一篇，原本都是沅湘流域人民祭祀时唱给神听的。其中,《东皇太一》祭祀上帝,《云中君》祭祀云神,《大司命》祭祀生命之神,《少司命》祭祀生育之神,《东君》祭祀太阳神。这些是天神。《湘君》和《湘夫人》祭祀湘水之神,《河伯》祭祀黄河之神,《山鬼》祭祀巫山神女。这些是地祇。《国殇》祭祀阵亡将士，这是人鬼。天神、地祇、人鬼，全都有。至于《礼魂》，是送神曲。

送神曲非常简短，而且一片欢乐祥和——

祭礼已成啊敲锣打鼓,
击鼓传花啊载歌载舞。
此起彼伏啊男巫女巫,
亮丽歌喉啊从容步武,
春兰秋菊啊千秋万古!

都说请神容易送神难。现在看，倒像是反的。

负责请神和送神的，是巫觋(读如惜)。巫就是女巫，觋则是男巫。他们是祭祀舞台上的中心。因为所谓“巫”,就是“女能事无形以舞降神者也”。[19]

所以，女巫就是女舞，巫女也就是舞女。或者说，巫者就是舞者，也是歌者。他们的歌舞不仅为了颂神和娱神，更是为了通神。古人认为，巫觋是人神之间的媒介。天神、地祇、人鬼有话要说，就通过巫觋发言，叫“显灵”。人有事情要请神指点或帮助，也通过巫觋表达，叫“通灵”。

因此，在祭祀或巫术的仪式上，巫觋便既是巫师，也是鬼神，叫“为神而亦为巫，一身而二任”，颇有些“又做师婆又做鬼，吃了原告吃被告”的意思。[20]

巫觋既然有这样一种任务，那么，他们当中至少得有人穿着神的衣服，扮着神的模样，做着神的动作，讲着神的语言，表现着神的情绪，成为神的形象代言人。

这样的巫觋，就叫“灵保”。[21]

灵保可能是最古老的神职人员和表演艺术家。他们是巫术的，也是艺术的。因为只有表演逼真，人们才会相信他们真是神灵附体。同样，也只有当真认为自己能够通神，才能逼真。到最后，可能连自己都弄不清是在表演还是玩真的。

楚人《九歌》的魅力，正在于此。

明白了这一点，就不难理解《山鬼》。这一曲歌舞，是女巫表演的。她们要祈求的，则是爱情。既然是爱情，那就会有相爱也会有失恋，因此既有含情脉脉的凝视、耐心守候的期盼，也有“东风飘兮神灵雨”、“风飒飒兮木萧萧”、“怨公子兮怅忘归，君思我兮不得闲”。至于是谁爱谁，谁失恋，都不重要，因为这是在为一切有情人祈福。

同样，我们也不必拘泥于诗句本身，硬要弄清楚哪部分是山鬼的，哪部分是女巫的，因为她原本“一身而二任”，早已融为一体密不可分。要紧的，是体会。

其他篇章，也如此。

那是一些怎样的形象和场面！云中君华采若英，灵动飞扬，“与日月兮齐光”；大司命神秘威严，高傲冷峻，“众莫知兮余所为”；少司命竦剑拥艾，荷衣蕙带，“入不言兮出不辞，乘回风兮载云旗”；太阳神东君英武豪迈，潇洒多情，“举长矢兮射天狼”，“援北斗兮酌桂浆”。[22]

噫！以北斗七星为勺痛饮桂花酒，这是什么样的神灵，这是什么样的形象！

还有《湘夫人》——

帝子降兮北渚，
目眇眇兮愁予。
袅袅兮秋风，
洞庭波兮木叶下。[23]

是的，天帝的公主就要降临江中的小洲。望眼欲穿，怎么能不让我忧愁。可是她，却若隐若现，时有时无。放眼望去，但只见秋风吹拂之下，洞庭湖微微泛起波浪，树叶儿一片一片轻轻地飘了下来。

这，还是巫术吗？

当然还是。

但，更是艺术，就像希腊人的宗教。

因此我们无信仰

跟中国一样，希腊也有巫术。

希腊的巫师跟楚国的巫觋息息相通。他们也是人神之间的媒介，同样可以通灵。因此，他们被叫作“神的着魔者”(entheos)。被神灵附体，则叫作“神性的着魔”(enthousiasmos)。这时，男巫和女巫都会陷入一种迷狂的状态。那些崇拜狄俄尼索斯的女巫，还会一边如醉如痴地舞蹈，一边奔跑着翻山越岭。当然，男巫和女巫在着魔时也会载歌载舞念念有词。这些词句被认为是“神赐的真理”，这种神灵的感动则叫“灵感”(inspiration)。[24]

艺术创作要有灵感，起源就在这里。

因此，当希腊人把他们的巫术变成宗教时，便顺理成章地把宗教变成了艺术。

希腊的宗教是艺术，早已为黑格尔所揭示。希腊的神也就是人，只不过比一般人更高大，更完美，更健康，更有力量，而且永远不死。其他方面，则与人无异。所以，当一个希腊人路遇俊男靓女时，他可能会停下脚步，羡慕而恭敬地问对方：你是不是神？[25]

神在希腊，是最高的美。[26]

但请注意，与人相比，希腊的神也只是更加漂亮而已。这种漂亮是纯粹的美，身体的美，外貌的美，与道德无关。相反，奥林帕斯山上的神几乎是“无恶不作”的。许多苦难和悲剧，就来自神祇的意气用事和胡作非为。所以，希腊人从来就不把他们的神看作道德楷模。相反，他们对于神的无法无天和不负责任，很可能愤愤不平。

比如阿喀琉斯。

阿喀琉斯是在自己的好友战死后，才真正投入特洛伊战争的。为了替好友复仇，他杀死了特洛伊王子赫克托耳，并发誓要将赫克托耳的尸体拿去喂野狗。赫克托耳的父亲到军营来求他，请他敬畏神祇，阿喀琉斯却不以为然。他的说法是：那些神祇为人类规定了命运，自己却优哉游哉！

当然，阿喀琉斯最后还是答应了老人的请求，并停止攻城十一天，以便特洛伊人有足够的时间安葬赫克托耳。但这与敬畏神祇无关，而是被老年丧子的特洛伊国王所感动，并想起了自己年迈的父亲。中国人的“不看僧面看佛面”，在希腊人这里是不管用的。他们不看佛面，只看僧面。

我们则又是另一种风采。

周人崇拜的炎帝、黄帝、颛顼、帝喾，以及尧、舜、禹、汤、文王、武王，是否漂亮不知道，道德高尚则毋庸置疑，或不许质疑。就连那些自然神，也要有贡献和功德。比如天上三光，是可以瞻仰的；地上五行，是赖以生存的；名山大川，是出产财物的。中看不中用的，谁会把他当神？[27]

天神和地祇有功，人鬼有德，都不必漂亮。

神在中华，是最高的善。

有功有德的神祇们是周天下的“纪律检查委员会”。周王国一位名叫过的史官说：神祇降临人间，一般是在两种时候。一是这个国家将要兴盛，二是这个国家将要灭亡。前一种时候，神要来看一看他们有多高尚；后一种时候，神要来看一看他们有多邪恶。虢公国一位名叫嚚的史官则说：国家如果将要兴盛，就听人民的；将要灭亡，就听神祇的。因为神，既聪明，又正直，还专一。人想要怎么样，他就按照你的愿望帮助你。如果你存心要失败，神一定让你去死。[28]

史嚚的话，很有意思。

按照史嚚的说法，人类的命运并不是神决定的。恰恰相反，神的决策反倒是人决定的。人要学好，神让你步步高升；

人要学坏，神让你万劫不复。神能够起到的作用，是给你一个加速度，加快你的兴盛或灭亡。如此而已。

这样的鬼神崇拜，难道也能叫宗教，叫信仰？

当然不能。

那该怎么说？

有鬼神无宗教，有崇拜无信仰。

这就是华夏民族的文化特点。其中略有差异的，也无非是南北不同。简单地说，就是北方更主张把鬼神崇拜变成伦理道德，南方则更愿意变成艺术审美。但不要信仰，则南北如一。唯其如此，历史上在汉民族中影响最大的宗教，便是最不像宗教的佛教和道教。佛教讲觉悟，道教讲成仙，也都不是信仰（请参看本中华史第十二卷《南朝，北朝》）。

可以跟我们相呼应的，是希腊。

把宗教变成艺术的希腊人，实质上也没有信仰。由此带来的好处，是很早就建立了人本精神；由此带来的麻烦，则是核心价值观难以恒定。毕竟，在民族的童年，精神支柱的建立仍然需要神助，尽管有神未必有精神。

由是之故，希腊文明终于陨落。希腊的人本精神，以及他们的科学和民主，也要暂时坠入深渊，然后才能通过文艺复兴而得到弘扬。但从此，便牢不可破。

这个问题，我们同样存在。

我们的人本精神也是早熟的。因此，如何保证观念的恒定和社会的稳定，就煞费了先贤们的苦心。周公他们的办法是建立了井田、宗法、封建和礼乐四大制度，由此维持了数百年的太平，也有了我们民族的青春志。

然而也正是在青春靓丽的春秋，周制度和周文化开始崩坏。礼坏乐崩的结果，是天上的鬼神和地上的天子，一齐失去了自己的权威；高贵的君子和卑贱的小人，也一齐失去了道德的底线。中华大地变成了霸主和枭雄们耀武扬威和争权夺利的屠场，就像伯罗奔尼撒战争期间的希腊。

问题是华夏文明却没有像希腊那样日落西山，反倒在动荡的春秋战国开出了灿烂的思想文化之花，这就是先秦诸子百家争鸣。之后，则更是在新的时代勃然复兴，并成为伟大的世界性文明，先是在秦汉，后是在隋唐。

这又是为什么呢?

无疑，这是只能从长计议的事情。在此之前，还必须走进那风起云涌波澜壮阔的时代，看一看从春秋到战国，我们民族演绎的又是怎样一种华彩乐章。

本卷终

请关注下卷《从春秋到战国》

后记

年轻就是好

记得当年读《诗经》，最打动我的不是《关雎》，而是《汉广》——

南方有嘉木，
可是靠不上；
汉水有女神，
可是追不上。

汉水是那样宽广，
我真是没有希望；
长江是那样绵长，
我真是没有方向。

我喜欢这诗，因为我也失恋了。

那会儿，我在新疆生产建设兵团的军垦农场当农工。住的是干打垒，吃的是玉米面，干的是体力活。农场没什么娱乐活动，电视和电脑更是闻所未闻。幸好奔赴边疆时，随身还带了几本书。遇到难得的农闲，除了读唐诗宋词和鲁迅先生，便翻译《诗经》和《楚辞》打发日子。直到现在，也还能回忆起当时的译文，比如《有狐》——

狐狸找对象，
在那石梁上。
让人心疼的穷小子呀，
可怜他没有衣裳。

还有《月出》——

月亮出来皎皎的，
姑娘容貌娇娇的，
姑娘身段高高的，
我的情思悄悄的。

当然，这都是做梦。没什么姑娘像《草原之夜》说的那样“来伴我的琴声”，更不会像《敖包相会》唱的那样“自己跑过来”。碰钉子的事，倒是有的。

奇怪！苦哈哈的，还有这念头？

有，因为年轻。

在我们这个世界上，没有比年轻更好的了。一个人再有权，再有钱，再有地位，都买不来换不来年轻。年轻，就可以胡思乱想；年轻，就可以个性张狂；年轻，就可以不管不顾；年轻，就可以神采飞扬。年轻人是有特权的，因为他少不更事，因为他血气方刚，因为他来日方长。

人类也一样。

是的，每一个古老的文明和民族都有自己的童年和少年，也有自己的初恋和失恋。阿尔塔米拉的洞穴壁画，红山文化遗址的女神雕塑，斯通亨奇的环状列石，复活节岛的巨石人像，表现着人类童年的纯真和质朴；古埃及的金字塔，巴比伦的占星术，古印度的阿修罗，古罗马的万神殿，还有古希腊的荷马史诗和奥林匹克，我们的《诗经》和《楚辞》，以及共同拥有的英雄好斗和少女多情，则表现出少年的飞扬跋扈和天真烂漫，异想天开和胆大妄为，甚至不知天高地厚。

没错，青少年时代的世界各民族都一样，脸上长着青春痘，身上流着孩童血，头上顶着新月和旭日。

是的，那时年少。

这是事实，也是历史，问题是怎么看。

马克思在谈到希腊艺术时说过，一个成年人并不可能再变成儿童。但，儿童的天真不让他感到愉快吗？他不该在一个更高的阶梯上，把自己的真实再现出来吗？一个民族的固有性格，不是在他儿童的天性中，在每一个时代都纯真地复活着吗？为什么历史上的人类童年时代，在它发展得最完美的地方，不该作为永不复返的阶段显示出永久的魅力呢？[1]

当然应该。

从西周、东周到春秋，就是我们民族的少年时代。那时的人，是有着真性情、真血气的，因此有情有义，也敢爱敢恨。这才有杀身成仁的刺客，追求真爱的情人，义无反顾的战士，忠贞不贰的臣子，力挽狂澜的使节，以及人情味十足的鬼神。他们集体地表现出一个民族在她“发展得最完美地方”之永久的魅力和风采。

因此，如果说本中华史第三卷《奠基者》描述了我们民族的“身子骨”，那么本卷要展示的就是“精气神”。那些少年心气，那些男生女生，那些花花草草，那些磕磕碰碰，都无不透出青春气息，湿漉漉不由分说地扑面而来，让我们无限向往，让我们过目不忘。

请在这里多停留一会儿吧！

前面的路，将风高浪急，险象环生。

注释

总注

本卷涉及之史实，均请参看《左传》、《国语》、《战国策》和《史记》。

第一章

1 豫让的故事见《战国策·赵策一》、《史记·刺客列传》。

2 关于春秋和战国两个时期各自的起止年代，自古以来就众说纷纭并无定论，只有战国终于公元前 221 年秦并天下无异议（请参看李学勤主编《春秋史与春秋文明》、《战国史与战国文明》）。本书倾向于采纳范文澜《中国通史》说，即春秋止于公元前 481 年，战国始于公元前 403 年，春秋与战国之间有 78 年的空档，可称为“春秋战国之际”。

3 知氏的知，读如智。所以知伯也写作“智伯”。《史记》之《赵世家》为“知伯”；《刺客列传》作“智伯”。智伯名瑶，谥号“智襄子”。

4 《韩非子》和《吕氏春秋》持此说。

5 赵氏家族的始祖是赵夙，然后依次是共孟、赵衰（赵成子）、赵盾（赵宣子）、赵朔（赵庄子）、赵武（赵文子，亦即“赵氏孤儿”)、景叔、赵鞅(赵简子)、赵毋恤(赵襄子)。赵襄子去世后,他的弟弟驱逐襄子指定的接班人,自立为家君,这就是赵桓子。桓子即位一年后去世。国人认为桓子的得位不符合襄子遗愿,便杀了桓子的儿子,立襄子指定的赵浣为君,是为“献侯”。此事在本中华史第二卷《国家》第三章曾经提到。

6 鉏是多音字，也是锄的异体字。用于国名，读如徐；用于“鉏鋙”（龃龉），读如举；用于姓氏，读如除。麑，读如尼或迷。本书所述鉏麑刺杀赵盾等事，整合了《左传》、《国语》、《公羊传》、《吕氏春秋》、《史记》之《晋世家》和《赵世家》诸家所说。

7 晋是周代最早的封国之一，始封之君是成王的弟弟唐叔虞。晋君从西周起一路嫡传，都称“侯”，最后一代叫“哀侯”。哀侯以后，嫡系被灭，取而代之的是曲沃的旁支，始祖叫“武公”。以后晋君都称“公”，依次为武公、献公、惠公、怀公、文公、襄公、灵公。灵是“恶谥”。历史上谥为“灵”的，多半“不灵”。比如郑灵公，是因为吃王八而起纠纷，被自家兄弟谋杀的（《左传·宣公四年》）。陈灵公，则是与朝臣共享情妇,又被情妇之子愤而杀死的(《左传·宣公十年》)。

8 卿，是古代天子或诸侯所属之高级辅佐，有上中下三等。位类上卿而执政者，叫“正卿”，也叫“冢卿”。

9 这句话的原文是“To be or not to be”，历来有各种译法。朱生豪先生的译文是“生存还是毁灭，这是一个值得思考的问题”。

10 荆轲事迹，见《史记·刺客列传》。

11 聂政事迹，见《史记·刺客列传》。

12 索福克勒斯完成《安提戈涅》，是在公元前442年（一说441年）；聂政刺韩，是在公元前397年（韩烈侯三年）。所以索福克勒斯和聂荣可算同时代人。鉏麑自杀，是在公元前607年（晋灵公十四年）。所以鉏麑与聂荣、安提戈涅相距二百多年。

第二章

1 夏姬之事及相关人物据《左传》之宣公九年、十年、十一年、十二年，成公二年、七年，昭公二十八年。

2 《诗经·郑风·萚兮》：“萚兮萚兮，风其吹女。叔兮伯兮，倡予和女。”

3 《诗经·郑风·褰裳》：“子惠思我，褰裳涉溱。子不我思，岂无他人。狂童之狂也且。”

4 《诗经·郑风·子衿》：“青青子衿，悠悠我心。纵我不往，子宁不嗣音？青青子佩，悠悠我思。纵我不往，子宁不来？”

5 《诗经·郑风·狡童》：“彼狡童兮，不与我言兮。维子之故，使我不能餐兮。彼狡童兮，不与我食兮。维子之故，使我不能息兮。”

6 《诗经·郑风·东门之墠》：“东门之墠，茹藘在阪。其室则迩，其人甚远。”

7 《诗经·唐风·有杕之杜》：“有杕之杜，生于道左。彼君子兮，噬肯适我？”

8 《诗经·邶风·静女》：“静女其姝，俟我于城隅。爱而不见，搔首踟蹰。静女其娈，贻我彤管。彤管有炜，说怿女美。自牧归荑，洵美且异。匪女之为美，美人之贻。”

9 《诗经·召南·摽有梅》：“摽有梅，其实七兮。求我庶士，迨其吉兮。摽有梅，其实三兮。求我庶士，迨其今兮。摽有梅，顷筐塈之。求我庶士，迨其谓之！”

10 《诗经·王风·大车》：“大车槛槛，毳衣如菼。岂不尔思？畏子不敢。大车啍啍，毳衣如璊。岂不尔思？畏子不奔。穀则异室，死则同穴。谓予不信，有如皦日！”

11 《诗经·邶风·柏舟》：“泛彼柏舟，亦泛其流。耿耿不寐，如有隐忧。微我无酒，以敖以游。我心匪鉴，不可以茹。亦有兄弟，不可以据。薄言往愬，逢彼之怒。我心匪石，不可转也。我心匪席，不可卷也。威仪棣棣，不可选也。忧心悄悄，愠于群小。觏闵既多，受侮不少。静言思之，寤辟有摽。日居月诸，胡迭而微？心之忧矣，如匪浣衣。静言思之，不能奋飞。”

12 《诗经·召南·野有死麕》：“舒而脱脱兮！无感我帨兮！无使尨也吠！”

13 《诗经·齐风·鸡鸣》：“‘鸡既鸣矣，朝既盈矣。’‘匪鸡则鸣，苍蝇之声。’‘东方明矣，朝既昌矣。’‘匪东方则明，月出之光。’”

14 见恩格斯《家庭、所有制和国家的起源》及其注。

15 见《诗经·郑风·出其东门》、《诗经·陈风·东门之池》。

16 原因请参看《左传·宣公十年》杜预注。

17 夏姬被带到楚国，是在鲁宣公十一年（前598）；襄老战死在郑国，是在鲁宣公十二年（前597）；夏姬和巫臣私奔到晋，是在鲁成公二年（前589）。

18 春秋时期的性关系，远不像后世那样严谨。有人跟庶母偷情，有人抢儿媳妇和弟媳妇，有人做换妻游戏，有人甘愿戴绿帽子，还有兄弟姐妹乱伦。这些事《左传》都有记载，可参看刘达临《中国古代性文化》。

19 请参看约翰·德林瓦特主编《世界文学史》，北京大学出版社2011年版。

第三章

1 知罃被俘，是在鲁宣公十二年（前597）夏；被释放，则在鲁成公三年（前588）夏。

2 此处原文为“不穀”。但为便于读者理解，凡楚王自称“不穀”处，以后均改为“寡人”。

3 请参看杨伯峻《春秋左传注》。

4 事见《左传·鲁成公三年》。

5 事见《左传·鲁襄公十七年》。

6 《兔罝》之兔为於菟，最早由宋代王质提出，闻一多《诗经通义》亦有证明。

7 事见《礼记·檀弓上》。对这一记载的解释请参看张荫麟《中国史纲》。

8 事见《左传·鲁哀公十五年》、《孔子家语·子贡问》。

9 事见《左传·僖公二十八年》。退避三舍，是晋文公在公元前637年对楚成王的承诺。

10 见《左传·成公二年》。

11 见《孟子·离娄上》。

12 见《左传·成公十六年》。

13 据徐中舒《士王皇三字之探原》。

14 请参看《国语·齐语》。

15 古代乘车之法，尊者居左，御者（驾驶员）居中，又有一个人居右，以备倾侧。这个人，战时叫车右，平时叫骖乘。见《汉书·文帝纪》颜师古注。

16 请参看雷海宗《中国的兵》（中华书局 2005 年版）及书后附录王以欣《古代的战争规则和侠义精神》。本节参考该书和该文之处甚多，无法一一注明，谨此致谢！

17 事见《左传·僖公十九年》。

18 见《左传·僖公二十一年》。

19 请参看《公羊传·僖公二十一年》。

20 事见《左传·僖公八年》。

21 事见《左传·成公十六年》。

第四章

1 事见《左传·成公十六年》。

2 人臣在人君面前一律直呼其名，见《礼记·曲礼上》：“君前臣名。”车右的职责，见《汉书·文帝纪》颜师古注、《穀梁传·成公五年》注。

3 宋襄公死在五月，晋惠公死在九月。

4 事见《左传·僖公二十三年》。

5 据《左传·僖公九年》，里克和丕郑支持重耳；但据《国语·晋语二》，他们中立。

6 晋献公去世，是在鲁僖公九年九月；里克发动兵变，是在同年十月。

7 事见《左传·僖公九年》、《国语·晋语二》、《史记·晋世家》。

8 事见《左传·僖公十年》、《史记·晋世家》。

9 事见《左传·僖公十四年》。

10 见《荀子·王霸》。

11 本节所述综合了《左传·僖公十五年》和《国语·晋语三》。

12 见《左传·僖公四年》。

13 见《左传·闵公二年》、《国语·晋语一》。

14 见《国语·晋语一》。

15 见《国语·晋语二》。

16 据《左传·庄公二十八年》，晋献公“烝于齐姜”，生秦穆公夫人穆姬和太子申生。烝，就是与母亲辈的女人发生性关系。齐姜是什么人，有争议。

17 事见《左传·僖公四年》。

18 见《国语·晋语二》。

19 见《论语·颜渊》。

20 见《论语·八佾》。

21 事见《左传·襄公十四年》。

22 据《左传·僖公十年》并杨伯峻注，晋惠公即位后，占有了故太子申生之妃。申生向狐突显灵，称惠公必败于韩。

23 事见《左传·僖公十五年》。

第五章

1 吕甥名饴（读如仪），是晋侯的外甥，采邑在吕（今山西省霍县西），所以叫吕甥。又因为阴（今山西省霍县东南）、瑕（今山西省临猗县附近）也是他的采邑，所以也叫阴饴甥、瑕吕饴甥。

2 事见《左传·僖公十五年》。

3 八年后，晋惠公卒，卒后一年，公子重耳在秦国军队的护送下回国为君，是为晋文公。吕甥等人策划叛乱，谋杀晋文公未果，逃亡，被秦穆公诱杀。

4 事见《左传·僖公二十六年》、《国语·鲁语上》。

5 事见《左传·昭公元年》。

6 请参看范文澜《中国通史》。

7 据杨伯峻《左传·襄公二十七年》注。

8 此段分析，请参看童书业《春秋史》。

9 本节事见《左传·襄公二十七年》。

10 请参看《左传·定公八年》杨伯峻注。

11 见《左传·定公八年》。

12 本节综合《左传·昭公元年》、《国语·鲁语下》。

13 本节综合《左传·僖公三十年》、《国语·晋语四》、《史记·郑世家》。

14 事见《左传·昭公十一年》。

15 事见《左传·宣公十二年》。

16 事见《左传·宣公十一年》。

17 语见《左传·昭公十一年》。岁星就是木星。营室，即二十八宿的室宿，有两颗星，即飞马座的 α 和 β。大梁，为十二星次之一，相当于黄道十二宫的金牛宫。

18 事见《左传·昭公十三年》。

第六章

1 招降的说法，请参看童书业《春秋史》。

2 知罃被换回一事，见本卷第三章。

3 以上事见《左传·宣公十二年》。

4 事见《左传·成公七年》。

5 事见《左传·昭公五年》。

6 请参看童书业《春秋史》。

7 请参看张荫麟《中国史纲》。

8 事见《左传·僖公四年》。但立骊姬为君夫人，不在此年。

9 事见《左传·昭公十七年》。

10 事见《左传·僖公十五年》。

11 事见《左传·闵公元年》。

12 裨竃事迹见《左传》之襄公二十八年、三十年，昭公九年、十年、十七年、十八年。

13 语见《左传·昭公十八年》。

14 事见《左传·昭公十九年》。

15 事见《左传·昭公十八年》。

16 请参看《国语·鲁语上》。鲁国是保存周礼最完整的国家，鲁人的说法是可靠的。

17 语见《左传·僖公十年》。

18 此说最早由清人顾成天《楚辞·九歌解》提出，后孙作云、闻一多、马茂元、陈子展、姜亮夫、郭沫若均持此说。

19 见许慎《说文解字》。许慎还说，巫字的形象是一个人长袖善舞的样子，但罗振玉、林义光、商承祚等诸多学者均不同意，认为字形与袖无关，与玉有关。请参看《古文字诂林》第四册第761页。但巫就是舞，并不错，《九歌》可以证明。

20 请参看钱锺书《管锥编·楚辞洪兴祖补注》。

21 请参看王国维《宋元戏曲考·上古至五代之戏剧》。

22 请参看吴广平校注《楚辞》。

23 帝子，就是公主；北渚（读如主），北边水中的小洲；眇眇（读如秒），遥遥远望；袅袅，微风吹拂。下，读如户。

24 请参看朱狄《灵感概念的历史演变及其他》。

25 请参看丹纳《艺术哲学》。

26 请参看温克尔曼《古代艺术史》第四卷《论希腊人的艺术》。

27 请参看《国语·鲁语上》。

28 均见《左传·庄公三十二年》。

后记

1 请参看马克思《〈政治经济学批判〉导言》。

本卷大事年表

前 684 年，鲁宋之战，县贲父因马惊而自责，冲进敌营战斗而死。

前 656 年，齐楚召陵之战。骊姬逼死晋太子申生。

前 651 年，晋献公去世，里克杀奚齐、卓子，荀息殉难。晋惠公即位，宋襄公即位。

前 650 年，晋惠公杀里克。

前 647 年，晋国发生饥荒，秦国进行人道主义救援，史称“泛舟之役”。

前 646 年，秦国发生饥荒，向晋国购买粮食，遭到拒绝。

前 645 年，秦晋韩之战，晋惠公被俘。一个月后被释放，杀庆郑。

前 639 年，宋襄公大会诸侯，被楚军俘虏。

前 638 年，楚宋泓之战，宋襄公坚持守礼，战败受伤。

前 637 年，宋襄公死在五月，晋惠公死在九月，晋怀公杀狐突。

前 634 年，齐伐鲁，鲁僖公派展喜使齐，齐退兵。

前 632 年，晋楚城濮之战，双方彬彬有礼宣战。

前630年，晋文公联合秦国伐郑，叔詹和烛之武救郑。

前607年，鉏麑因拒绝谋杀赵盾而自杀。晋灵公被赵穿所杀。

前605年，郑灵公被杀。

前599年，陈灵公因夏姬故，被杀。

前598年，楚庄王伐陈，夏姬归楚，被许配给楚国大夫襄老。

前597年，春，楚庄王伐郑，郑国投降。夏，晋楚邲之战，襄老战死，知罃被俘，楚军教败退的晋军修车。

前589年，夏姬和巫臣私奔到晋国。

前588年，知罃被释放。

前584年，巫臣使吴，教吴以车战及外交，并联晋伐楚。吴国崛起。

前575年，晋楚鄢陵之战，战争中相互行礼。楚王派人慰问晋国大夫郤至，晋君车右栾鍼向楚军将领子重敬酒。晋国下军统帅韩厥和新军副帅郤至为恪守君臣之道，放弃俘虏郑成公的机会，郑成公的侍卫长则为掩护国君撤退战斗而死。

前559年，卫献公因待臣无礼而被驱逐出国。

前556年，鲁国战士臧坚被齐军俘虏，因不愿被羞辱而自尽。

前546年，弭兵之会，晋楚争当盟主，楚人先歃血。

前543年，蔡景公为太子娶妻于楚，私通，被弑，太子继位，是为蔡灵公。

前 541 年，楚国令尹子围访问郑国，娶公孙段之女。虢之会，季武子侵郓，叔孙豹不以贿免。子围弑君即位，是为楚灵王。

前 537 年（鲁昭公五年），楚伐吴，蹶由使楚被扣，囚禁十四年后回国。

前 531 年，楚灵王杀蔡灵公，灭蔡，以蔡国太子祭祀社神。

前 529 年，楚国内乱，灵王自杀，蔡人复国。

前 525 年，吴伐楚，公子鲂占卜，战死。裨竈预言宋、卫、陈、郑同日火灾。

前 502 年，晋卫会盟，卫灵公让晋国大夫执牛耳，自己先歃血，发生冲突。

前 480 年，子路战死。

前 453 年，豫让刺杀赵襄子未果，自尽。

前 397 年，聂政刺韩，后自尽。

前 227 年，荆轲刺秦。

立即欣赏

易中天文章、视频、照片，享订制好礼

扫码关注 易中天官方公众号

回复 04

易中天中华史：青春志

产品经理｜王　敏
学术顾问｜陈　勤
法律顾问｜黄荣楠
出版统筹｜吴　畏

装帧设计｜Mirro
内文设计｜谈　天
插图绘制｜赵　闯
　　　　　何　姝

特约印制｜梁拥军
后期制作｜白咏明
媒介推广｜朱思梦
策 划 人｜路金波

易中天中华史

第一部［先秦］01——06卷

01 祖先　02 国家　03 奠基者　04 青春志　05 从春秋到战国　06 百家争鸣

第二部［秦汉魏晋南北朝］07——12卷

07 秦并天下　08 汉武的帝国　09 两汉两罗马　10 三国纪　11 魏晋风度　12 南朝，北朝

第三部［隋唐］13——16卷

13 隋唐定局　14 禅宗兴起　15 女皇武则天　16 安史之乱

第四部［宋元］17——20卷

17 大宋革新　18 王安石变法　19 风流南宋　20 铁血蒙元　____待续

图书在版编目(CIP)数据

青春志/易中天著. -- 杭州：浙江文艺出版社，2016.1（2018.4重印）

（易中天中华史）

ISBN 978-7-5339-4311-0

Ⅰ. ①青… Ⅱ. ①易… Ⅲ. ①中国历史—研究—春秋时代 Ⅳ. ①K225.07

中国版本图书馆CIP数据核字(2015)第254648号

责任编辑　金荣良
特约编辑　王　敏
装帧设计　Mirro
内文设计　谈　天
插　　画　赵　闯　何　姝

易中天中华史
青春志
易中天 著

出版　浙江出版联合集团
　　　浙江文艺出版社

地址　杭州市体育场路347号　邮编　310006
网址　www.zjwycbs.cn
经销　浙江省新华书店集团有限公司
　　　果麦文化传媒股份有限公司
印刷　北京旭丰源印刷技术有限公司
开本　890mm × 1280mm　1/32
字数　114 千字
印张　6.5
印数　168,001–178,000
插页　2
版次　2016年1月第1版　2018年4月第17次印刷
书号　ISBN 978-7-5339-4311-0
定价　35.00元